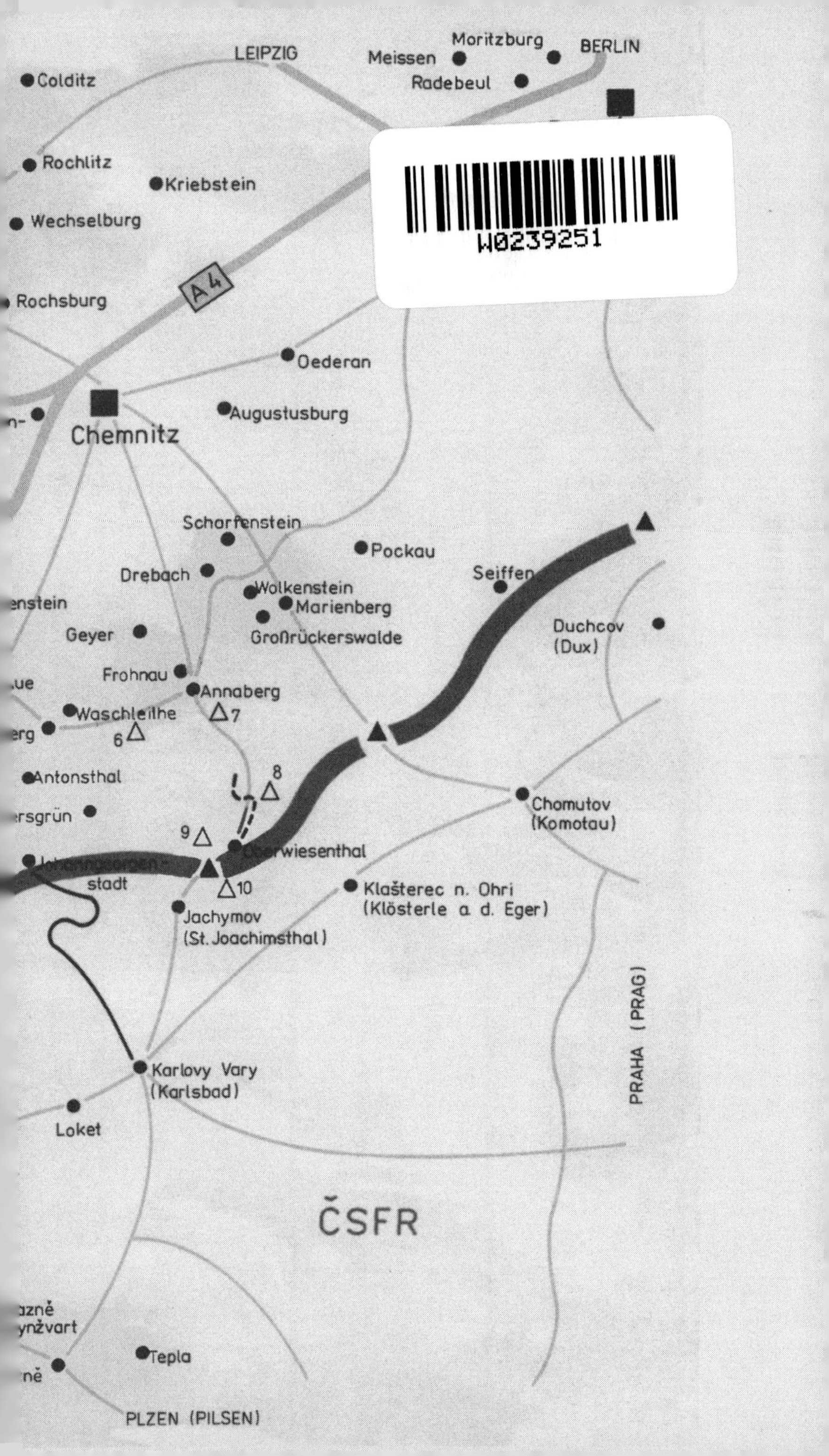
LEIPZIG
Moritzburg
Meissen
BERLIN
Radebeul
Colditz
Rochlitz
Kriebstein
Wechselburg
A 4
Rochsburg
Oederan
Chemnitz
Augustusburg
Scharfenstein
Pockau
Drębach
Seiffen
Wolkenstein
Marienberg
Geyer
Großrückerswalde
Duchcov
(Dux)
Frohnau
Annaberg
Waschleithe
7
6
Antonsthal
8
9
Oberwiesenthal
stadt
10
Klašterec n. Ohri
(Klösterle a. d. Eger)
Chomutov
(Komotau)
Jachymov
(St. Joachimsthal)
PRAHA (PRAG)
Karlovy Vary
(Karlsbad)
Loket
ČSFR
Tepla
PLZEN (PILSEN)

*Eckert* · Sächsische Morde

Wolfgang Eckert

# SÄCHSISCHE MORDE

*Kriminalhistorische Streifzüge*

Das Neue Berlin

## *Inhaltsverzeichnis*

*Woyzeck: ... Jeder Mensch is ein Abgrund,*
*es schwindelt einem, wenn man hinabsieht.*
*(Georg Büchner, »Woyzeck«)*

# *Der viel wilde Mann*

Vielleicht war Kunz von Kauffungen der Begründer des Kidnappings in Sachsen. Klassisch ist sein Beispiel durch die lange Zeitdauer allemal. Eigentlich hieß Kunz Konrad. Aber wie aus Heinrich Hinz, so wurde aus Konrad Kunz. Eines seiner Stammgüter stand im schönburgischen Kauffungen bei Waldenburg. Aber er besaß auch Güter im böhmischen Eisenberg und in Kahlenberg, dem heutigen Callenberg, das ebenfalls in der Nähe von Waldenburg liegt.

Nun ist das politische Umfeld, in dem sich Kunz von Kauffungen bewegte, wohl etwas verworren. Deshalb wollen wir es langsam angehen lassen. Die Güter Eisenberg und Kahlenberg waren Lehen des Böhmenkaisers. Doch sie standen eben auf kursächsischem Boden. Der Herr des Bodens war der Kurfürst von Sachsen, Friedrich II., genannt der Sanftmütige. Kunz von Kauffungen hatte also genau besehen zwei Herren. Vor wem wird er mehr den Hut gezogen haben? Der Sanftmütige lag ihm wohl territorial etwas näher. Fakt ist, daß er sich mit den Herren von Einsiedel auf Burg Gnandstein und Wolftitz bestens verstand.

Kein Wunder. Denn einer von denen war Hofmarschall, und Kunz hatte dessen Schwester geheiratet. So ist er also kein hergelaufenes Hühnchen in der Schar der sächsischen Landritter gewesen.

Wirtschaftlich war er ein kluger Kopf. Es wird auch von ihm gesagt, Angst und Zögerlichkeit gehörten nicht zu seiner Lebensart. Das sollte für ihn noch verhängnisvoll werden.

In die Wirren seiner Zeit geriet er gründlich, und er hatte anfangs auch sein Gutes davon. Der Kurfürst von Sachsen hatte in Thüringen einen jüngeren Bruder, Herzog Wilhelm, den wollte er gern kommandieren, ihm vorschreiben, was er in Thüringen zu tun habe. Der richtete sich aber nicht danach. So stellte der Kurfürst, der gar nicht so sanftmütig war, wie er genannt wurde, ein Heer auf und fiel damit in Thüringen ein. Der Zorn des jüngeren Bruders über die Gewalttat des älteren war groß. Er hörte auf die Ratschläge seiner Vasallen, was zu tun sei. Besonders die aus dem Geschlecht der Vitzthums rieten ihm – und sie hatten dabei egoistische Gründe – zum Bund mit den Hussiten. Der Kurfürst von Sachsen geriet darüber in noch heftigere Wut, denn nichts haßte er mehr als hussitische Ketzerei. So zog er kurzerhand die auf seinem Territorium gelegenen Güter der Vitzthums ein, Enteignung ist also schon immer ein wirksames politisches Mittel gewesen, und verlieh diese Güter für immer an seine Getreuen. Einer davon war Kunz von Kauffungen. Er erhielt außer der Burg Kriebstein alles, was sonst zu ihr gehörte. Dabei wurde ihm aber gleich mitgeteilt, er müsse diese Burg abgeben, wenn er seine durch den Bruderkrieg verlorenen Besitzungen im Thüringer Pleisnerland, nach Behebung des Streites, vom sächsischen Kurfürst wieder zurückbekäme. Daran aber glaubte Kunz von Kauffungen nicht. Deshalb verwendete er viel Geld und ließ das Vorwerk Schweikartshain zu einem stattlichen Gut ausbauen.

Es war wohl der Irrtum seines Lebens. Denn 1450 schloß der Kurfürst tatsächlich mit seinem Bruder Frieden. Kunz erhielt die Anteile an den Erbgütern Kauffungen und Kahlenberg zurück. Sich von seinem mühesam aufgebauten Gut Schweikartshain aber zu trennen, war er auf keinen Fall bereit. So gab es Ärger.

Vier Jahre später fällte ein Schiedsgericht mit dem kurfürstlichen Kanzler Bebenburg einen Kompromiß: Alle bisherigen Aufwendungen sollten zusammengerechnet und verglichen werden. Ein Vergleich mit einem Stärkeren – wie mußte der schon ausgehen? Das Ganze lief auf eine Abfindung hinaus.

Kunz wußte nun, er verlor Schweikartshain und erhielt auch viel zu wenig Mittel, um die inzwischen verfallenen Güter im Pleisnerland, die er zurückbekam, gründlich wieder erneuern zu können. Als einer, der für den Kurfürsten gekämpft hatte, fühlte er sich betrogen. Voller Groll suchte er auf seinem böhmischen Lehen in Eisenberg, wohin er sich zurückgezogen hatte, klare Gedanken zu finden. In Böhmen traf er seinen ehemaligen Feind Apel Vitzthum. Dem war nach den Friedensverhandlungen der Brüder unter Herzog Wilhelm mit seinen Gütern nichts anderes widerfahren. In Sachsen sank er bis zum Wegelagerer herab und mußte fliehen.

Nun, die Feinde meines Feindes sind dann eben meine Freunde, sagte sich Kunz von Kauffungen. Das war der zweite Irrtum seines Lebens. Vitzthum brachte ihn auf eine gar merkwürdige Idee: Er riet ihm, des Kurfürsten zwölf- und vierzehnjährige Söhne Ernst und Albert aus dem Altenburger Schloß nach Eisenberg zu entführen und unter Androhung des Todes der beiden sein Recht zu fordern.

Kunz muß an seine Macht geglaubt haben, an die Macht eines Besitzenden über einen, der noch mehr besaß. Der unselige Vorschlag Vitzthums ließ ihn nicht mehr los. Er begann, über den Plan zu brüten.

Nach Altenburg wurde er von den Männern des Schiedsgerichtes ohnehin zur Klärung der Streitigkeiten und zum Abschluß des Vertrages geladen. Er fuhr jedesmal, fand aber immer wieder eine Ausrede, die angebotenen Anzahlungen nicht zu entrichten. Während seines Aufenthaltes im Schloß spionierte er die Lage aus. Es gelang ihm, einige Knechte und den Küchenjungen Hans Schwalbe, die auf ihre Weise Verdruß mit dem Kurfürsten hatten oder dem angebotenen Geld zugetan waren, für seinen Plan zu gewinnen. Bewaffnete gab es wenige im Schloß. Reiste der Kurfürst, begleiteten sie ihn zu seinem Schutz. Also konnte das Vorhaben am besten zu solch einem Zeitpunkt gelingen. Kunz ließ sich in der Höhe das Fenster zeigen, hinter welchem sich die Prinzen befanden. Es war die Mitteletage. Vom Schloßgraben aus errechnete er das Maß für die Länge der anzufertigenden Strickleiter. Dann begab er sich zum Gut seines Bruders Dietrich von Kauffungen in Kahlenberg und wartete auf ein Zeichen des Altenburger Küchenjungen.

Dietrich von Kauffungen wollte seinen Bruder von der Tat abbringen. Er mahnte ihn eindringlich. Aber Kunz war von seinem Recht und dem guten Ausgang der Sache derart beseelt, daß er darüber sogar mit seinem Bruder in Streit geriet.

Am 5. Juli 1455 sandte Hans Schwalbe ein schriftliches Zeichen nach Kahlenberg, in dem er mitteilte, der Kurfürst begäbe sich am kommenden Sonntag mit seinem Gefolge nach Leipzig. Zusätzlich wäre außerhalb eine große Hochzeit, so daß noch weniger Leute im Schloß seien. Der Pförtner läge krank darnieder, und den Torwächter Asmus könne man leicht mit einem Trunk schläfrig machen.

Am 6. Juli 1455, abends gegen elf Uhr, erreichte Kunz von Kauffungen bei völliger Dunkelheit das Altenburger Schloß. Mit ihm, als enge Verbündete, waren zwei Ritter: Wilhelm von Mosen und Wilhelm von Schönfels. Außerdem hatte er etwa vierzig Männer und dreißig Pferde dabei. Er wies seine Leute zu größter Stille an und ließ das Schloß umstellen. Dann übergab er dem Küchenjungen Hans Schwalbe die angefertigte Strickleiter, und dieser rollte sie alsbald von einem Fenster der mittleren Etage hinab zum Schloßgraben. Es lief alles wie verabredet. Der Wächter Asmus hatte seinen Schlaftrunk, die sonstige Bewachung fehlte.

Kunz begann den gefährlichen Aufstieg aus dem Grund, sechs Knechte folgten ihm. Die Strickleiter erwies sich als sehr stabil und solide angefertigt. Hans Schwalbe schlich oben mit den Eindringlingen zu den Gemächern, in denen die Kurfürstin mit ihren Fräulein Amalia, Anna, Margaretha und Hedwig schlief. Möglichst leise brachen sie die Vorhängeschlösser an den Türen auf. Dann zeigte ihnen Schwalbe das Prinzenzimmer und zog sich zurück.

Die jungen Prinzen waren derart überrascht, daß sie wenig Schwierigkeiten bereiteten. Nur Prinz Albert gelang es, vor Angst unter das Bett zu kriechen. Den Gespielen der beiden, Graf von Barby, ließen die Entführer eingeschlossen zurück. Nun begann der halsbrecherische Abstieg. Kunz drohte den Prinzen, sollten sie auch nur einen Hilferuf ausstoßen, würde er sie von der Leiter herab in die Tiefe stürzen. Unten angekommen, bemerkte er, daß sie irrtümlich den Grafen von Barby bei sich hatten und nicht Prinz Albert. So kletterte er noch einmal empor – den Grafen hatte er bei sich –, schloß die Tür auf und tauschte ihn gegen

Prinz Albert aus. Kunzens Mannen fürchteten die doppelt entstandene Gefahr mehr als er. Sie trieben zur Eile. Mosen und Schönfels übernahmen Prinz Ernst mit dem Auftrag, ihn nach Eisenberg zu entführen. Kunz hatte dasselbe mit Prinz Albert vor, nur auf einem anderen Weg, damit im Falle des Mißlingens wenigstens einer der beiden Prinzen das Ziel erreichte und für die Erpressung blieb.

Der unmittelbare Fluchtweg ist nicht bekannt. Sie könnten zunächst über Kahlenberg geflohen sein, wo Kunz ja vom Gehöft seines Bruders aus den Raub gestartet hatte; Mosen und Schönfels durch den Hohensteiner Wald nach Hartenstein an der Zwickauer Mulde, welche Hochwasser führte und ihnen keinen erhofften Übergang bot.

In der Nähe auf einer Anhöhe fanden sie einen vorzüglichen Schlupfwinkel, eine ziemlich geräumige Höhle, die einst ein Stollen zur Gewinnung von Eisenstein gewesen war. Dort verkrochen sie sich. Es müssen ihnen aber Zweifel gekommen sein angesichts des Hochwassers, ob sie ihr Ziel jemals erreichen konnten. Vermutlich gaben sie sich dem Hartensteiner Schloßherrn Veit von Schönburg zu erkennen und lieferten ihm den Prinzen Ernst mit der Bitte um freies Geleit aus. An Kunz von Kauffungens alleiniges Los dachten sie nicht mehr. Veit von Schönburg ließ es bei einer strengen Verwarnung, und sie flohen so schnell wie möglich aus dem kursächsischen Gebiet. Erst durch die von ihnen geraubten Söhne des Kurfürsten wurden sie später begnadigt.

Kunz ritt indessen mit Prinz Albert aufwärts in die erzgebirgischen Wälder. Er hörte die Sturmglocken hinter sich herläuten und wußte, was die Stunde geschlagen hatte. So schnell aber konnte doch wohl die Kunde nicht ins Gebirge dringen, wird er gedacht haben. Er sandte einen kleinen Trupp seiner Leute zur Sicherung voraus. Die meisten entließ er, weil, seiner Meinung nach, Unauffälligkeit in dieser Gegend angebrachter war.

Wie sehr werden die Übriggebliebenen in Panik geraten sein, als sie dann auch oben in den Bergen die Geyersche Glocke laut Sturm läuten hörten, und diese dabei sogar zersprang?

Gegen Mittag rasteten sie völlig erschöpft von dem ununterbrochenen Ritt an einem Wiesenstück und ließen den Prinzen, der großen Durst verspürte, Beeren pflücken. Die Pferde waren müde, und auch Kunz konnte sich kaum noch auf den Beinen halten. Wenige Kilometer entfernt von dieser Stelle arbeitete ein Köhler namens Georg Schmidt. Der hatte ebenfalls das stundenlange Geläut aus Geyer gehört und vernahm dazu, wie seine Frau vor ihrer nahen Hütte heftig auf ein Eisen schlug. Es war das ausgemachte Zeichen bei Gefahr. Der Köhler brach sofort mit etlichen Gesellen auf und traf kurz danach den rastenden Kauffungen. Ahnend, daß die Gefahr mit dem fremden Ritter zusammenhängen mußte, fragte er ohne Umschweife: »Herr, wo seids her? Und was is das für a Bub?«

Kunz maß die ärmlich gekleideten, aber kräftigen Gestalten des Köhlers und seiner Gesellen, die mit ihren verrußten Gesichtern obendrein noch ziemlich wild aussahen. Vor allem der Köhler schien ein Mann zu sein, der nicht lange fackelte. Eine Auseinandersetzung hielt Kunz nicht für ratsam.

»Der Knabe da«, erwiderte er zögernd, als sähe er ihn zum ersten Mal, »der ist entlaufen.«

»Und was wollt ihr mit ihm, Herr?«

»Ich habe den Auftrag, ihn seinem Vater zurückzubringen.«

»Und wer ist der Vater, Herr?« Der Köhler musterte die zwar beschmutzte, doch sehr vornehme Bekleidung des Prinzen.

»Ihr fragt als einer eures Standes zuviel«, sagte Kunz scharf.

Der Wind trug kein Geläut mehr näher. Kunz bewegte sich so, daß er zwischen den Köhler, dessen Gesellen und Prinz Albert zu stehen kam.

»Ich hörte vorhin Glocken«, forschte er und tat ahnungslos, »war da irgendwo Feuer?«

»Naa«, erwiderte der Köhler. Er ließ Kunz nicht aus den Augen. »Das war es fei net. Manchmal läutens auch, wenn aaner gesucht wird.«

In diesem Augenblick sprang der Knabe hinter Kunz hervor auf die Köhlersleute zu und rief: »Ich bin Prinz Albert, und er hat mich gefangen! Aber ich kenne ihn nicht!« Kunz von Kauffungen versuchte auf sein Pferd zu springen. Das mißlang, weil ihn die Gesellen, bevor er oben war, wieder herunterzerrten. Das Schwert konnte er nicht mehr ziehen. Er begann, wild mit den Fäusten um sich zu schlagen. Der Köhler versetzte ihm mit seinem Schürbaum so gewaltige Schläge, daß er schließlich keine Gegenwehr mehr leistete. Das kleine Häuflein der Knechte Kunz von Kauffungens ergab sich schnell der Übermacht der Köhlergesellen, als sie ihren Herrn wehrlos sahen.

Man brachte den Gefangenen zum Kloster Grünhain. Dort wurde der Prinz mit Speis und Trank versorgt und der gesamte Vorfall der Gefangennahme an die Obrigkeit weitergemeldet. Am 9. Juli geleitete der Abt von

Grünhain den Prinzen selbst nach Altenburg und sammelte sich gehörige Punkte als Befreier. Am 14. Juli reiste die Kurfürstin mit Prinz Albert nach Chemnitz, wohin zur gleichen Zeit auch aus Hartenstein Prinz Ernst gebracht wurde. Der Kurfürst traf ebenfalls ein, und sie alle dankten im Stift Ebersdorf Gott, den sie hätten ruhig auch Schmidt nennen sollen, für die Rettung. Kunz wird in der dort verfaßten Denkschrift »der viel wilde Mann« genannt.

Über Zwickau eskortierte eine starke Bewachung Kunz von Kauffungen nach Freiberg vor den Schöppenstuhl. An dem Tag schon, als die Familie des Kurfürsten im Stift Ebersdorf die Rettung ihrer Söhne aus den Fängen Kauffungens feierte, fiel dessen Haupt auf dem Markt von Freiberg. Vierzehn Tage später wurde der Küchenjunge Hans Schwalbe in Zwickau mit glühenden Zangen gebrannt und gevierteilt.

Am ungerechtesten ist die Rache des Kurfürsten bei Kunzens Bruder Dietrich von Kauffungen ausgefallen. Er, der sich nicht beteiligt und seinen Bruder eindringlich gewarnt hatte, aber unfreiwillig zum Mitwisser geworden war, fiel am 31. Juli 1455 als letzter in Altenburg durch das Schwert. Sein Kahlenberger Rittergut und das gesamte Viehzeug fielen dem sanftmütigen Kurfürsten in die Hände. Der Tod Dietrich von Kauffungens kam einer Ermordung gleich.

Heute hört sich die Geschichte des Prinzenraubes an wie eine Moritat aus der Ritterzeit, wie ein einmaliges Beispiel, das zu dem Vers verleitet:

Es ward ein Ritter, Kunz genannt,
beraubt um seine Rechte,
als Prinzenräuber uns bekannt,
kam unters Schwert der Knechte …

Aber hundertfach hat sich inzwischen das Motiv der Kindesentführung als Mittel zur Erpressung wiederholt. Aus den Pferden wurden Fluchtfahrzeuge, aus den Rittern Gangster, aus den Köhlersleuten Sondertrupps. Nur die Kinder sind das geblieben, was sie schon damals waren – unschuldig.

*

## *Wie ein Riese im Märchenland*

Mitten im erzgebirgischen Landschaftsschutzgebiet »Oswaldtal« gibt es den kleinen Ort Waschleithe. Bereits im 13. Jahrhundert wurden Bergleute hier verschiedener Erze fündig. Waschleithe kommt von Leithe = Hang. Am Hang wuschen sie das aus dem Berg geholte Erz. Die Entstehung des Ortes hängt eng mit dem Wirken des Klosters Grünhain zusammen, von dem noch Reste der Klostermauern vorhanden sind. Wer von Mai bis Oktober nach Waschleithe kommt, den führt wohl der erste Weg zur Heimatecke am Seifenbach. In dieser Zeit kann er sich dort als Riese im Märchenland fühlen und das Erzgebirge en miniature (Maßstab 1:40) nachgebaut erleben.

Nächstes Ziel, und das nicht nur zur Sommerszeit, sollte das Lehr- und Schaubergwerk »Herkules-Frisch-Glück« sein. Der Schacht stammt von 1709. Durch die spätere Zusammenlegung der Gruben »Frisch Glück« und »Herkules« entstand das Bergwerk. Außer Zinn, Zink, Kupferkies, Brauneisen- und Silbererz wurde hier auch Marmor abgebaut.

Hauptsächlich Tiere der Heimat sind im »Natur- und Wildpark« zu beobachten. Erwähnenswert ist die kleine Kapelle mit einem schönen Glockenstuhl, einem »Zwiesel«, und am Ortseingang die unter Denkmalschutz stehende sagenumwobene Ruine der »Dudelskirche«.

In der Nähe der Gaststätte »Köhlerhütte Fürstenbrunn« (Vier-Sterne-Hotel) wurde Kunz von Kauffungen durch den Köhler Schmidt gefangengenommen. Ein Obelisk erinnert an dieses historische Ereignis.

Von Waschleithe aus lohnt sich auch ein kurzer Trip zum nahen Schwarzenberg mit Schloß und dem darin beheimateten Museum.

# *Mühllene*

Die Mühllene galt als häßlich. Ihr stechender Blick berührte andere unangenehm. Aber sie wehrte sich vorzeitig gegen das auf sie zukommende Unrecht. Sie ging krumm und mit ungepflegtem grauem Haar umher. Außer einer gesunden Tochter hatte sie noch eine lahme zur Welt gebracht. Es steckte also etwas Mißratenes in ihr, wie viele glaubten. Die Augen waren häufig entzündet. Der Mund stand in dem fahlen Gesicht schief. Wenn sie lächelte, dachten deshalb alle, sie grinste nur. Ihr ohnehin unschöner Körper welkte, in dürftige Lumpen gehüllt, langsam dahin. Sie konnte tun und sagen, was sie wollte – keiner zeigte dafür ein Gefühl. Häßlichkeit mögen die Menschen nicht. Es macht sie mißtrauisch. Ihre Vorstellung von Schönheit wird durchkreuzt.

Die Mühllene war draußen, jenseits aller Gemeinschaft. Sie wollte dort hinein, und sie merkte, daß manche bei ihrem Anblick Angst bekamen, zumindest Unbehagen. Sie lebte in Leisnig, einem romantischen Städtchen an der Freiberger Mulde, und es war das Jahr 1615. Wenn die Mühllene wie alle anderen zu einer Hochzeit ging, weil auch sie die Braut bestaunen wollte, erschraken die Leute über ihr Auftauchen, und sie gaben ihr schnell vom Brautschmaus ab, damit sie bald wieder gehe. Die Mühllene erkannte das als einzigen Vorzug in ihrer Armut. Sie ging zu Festen und nahm das, was man ihr reichte, wie etwas Selbstverständliches.

Die Menschen leisteten ihr Abbitte dafür, daß sie ihr Aussehen als häßlich empfanden. So fand sie eine innere Befriedigung und ein bißchen verlorenes Selbstbewußtsein wieder.

Die Töchter waren beide mit guten Männern verheiratet und hatten je ein Kind. Die eine Tochter hieß die lahme Christine, die andere Anna. Sie mußten selber tüchtig schuften, um mit ihren Familien am kärglichen Leben zu bleiben.

Die Mühllene, die so hieß, weil sie einst in einer der Leisniger Mühlen ihr Dasein gefristet hatte, schlug sich allein durch, und sie nutzte ihren einzigen Vorteil, der ihre Häßlichkeit war. Eigentlich hieß sie Magdalena Alber. Ihr Mann Ambrosius war schon lange gestorben, und ihr wirklicher Name verschwand mit der Zeit, als sei nichts, auch gar nichts an ihr des Nennens wert.

Einmal ging sie mit ihrem Enkelsohn Burkhardt zum Anwesen des Martin Luntze, weil dort ein Sauschlachten im Gange war und der Duft frischen Wellfleisches, gekochten Sauerkrautes und würziger Wurstbrühe schon die Straße herab bis in ihren vor Hunger knurrenden Magen zog. Sie betrat den Hof und hielt wortlos, gewohnt, daß man ihr gab, ihren Topf hin. Die Schlachte-Helferinnen zogen sich furchtsam zurück, und Luntzes Frau schrie vor Schreck auf.

Luntze schwollen die Zornesadern auf der Stirn angesichts der ängstlichen Ehefrau, die als Herrin des Hauses seiner Meinung nach so nicht hätte vor einer Hergelaufenen stehen müssen. Er schlug der Mühllene den leeren Topf aus der Hand, daß er weit über das Hofpflaster rollte.

»Glaubst du, du kannst überall daherlaufen und fordern, was dir nicht gehört!« schrie er. »Scher dich mit deinem Wechselbalg und komm nicht wieder!« Die kleine Tochter Luntzes begann den blechernen Topf mit ihren Füßen über den Hof zu scheppern und rief: »Mühllene, krumme Beene, Mühllene, krumme Beene!« Die Mühllene blickte das Kind mit ihren stechenden Augen an. Sie umkrampfte den Enkelsohn, und Wut stieg in ihr auf.

»Daß dich ...!« sagte sie. Aber sie war in ihrem Herzen viel zu gut für Verwünschungen. Und so ging sie schweigend davon.

Einen Tag später erkrankte Luntzes Tochter an hohem Fieber. Alle Versuche, es mit kalten Umschlägen und Preiselbeeren aus dem Wald herunterzubringen, halfen nichts. Die Ärzte probierten es mit der letzten Quacksalberei, dem Aderlassen. Das Fieber blieb.

Da entsann sich Luntze in seiner Todesangst des stechenden Blickes der Mühllene und ihres Ausrufes »Daß dich ...!« Ja, nur sie konnte es gewesen sein! Sie hatte das Kind, nur weil er den Topf nicht füllte, mit Blicken verhext. Er rief halb Leisnig auf die Straßen, holte Mühllene aus ihrer Behausung und zerrte sie durch das Badertor und die Badergasse, heftige Beschuldigungen ausstoßend, zum Rathaus am Marktplatz. Der Rat lief zusammen und hörte sich Luntzes Klage an. Draußen harrte das aufgebrachte Volk, meistens Leute, die der Mühllene schnell gegeben und die ihr bös waren, weil sie ohne einen Dank genommen hatte. Armut, die sich nicht demütig erweist, beleidigt die Satten.

Mühllene mußte mit abgewandtem Gesicht vor den Ratstisch treten, damit ihre Blicke nicht auch noch die Ratsherren verhexten. Eigentlich war das schon ihre Verurteilung. Sie begann, sich mit einem Wortreichtum zu wehren, den ihr keiner zugetraut hatte, und den man ihr deshalb noch mehr übelnahm. Ist die Not hart wie eine Eisenstange, schlägt diese nur noch mehr auf die Schwachen ein. War nicht eben erst Balthasar Riemichs Frau gestorben, nachdem sie der Mühllene begegnete? War nicht im vorigen Jahr das Getreide auf dem Halm so mißraten, daß kaum einer die Mehlspeisen genießen konnte? War nicht der Blitz in Urbans Krämerladen geschlagen, nachdem die Mühllene bei ihm gewesen war? Und arbeitete nicht die lahme Christine auf den Getreidefeldern? Hatte sie nicht die Lahmheit vom Teufel der Mutter? Und war Anna nicht oft spät noch ins Haus der Mutter gegangen, hatte sie dort nicht das Böse von ihr gelernt? Ja, diese drei waren ein unseliger Bund des Teufels! Her mit ihnen auf den Marktplatz und vor die Richter! Die beiden Ehemänner und Mühllehnes Enkelkinder traf kein Zorn.

Männer galten als stark und Kinder als gefeit vor dem Bösen.

»Ich habe nichts mit dem Satanus zu tun«, sagte die Mühllene derweil oben im Ratssaal und blickte die Ratsherren um ihr Leben flehend an.

»Laß dein Gesicht unten!« schrien diese entsetzt.

Die Mühllene sah abermals zu Boden und bot so ein Bild tiefsten Kummers. »Luntzes Tochter ist übel vom Sauschlachten. Laßt ihr die Speis aus dem Mund, und es wird ihr besser gehen.«

»Woher weiß sie das?« fragte ein Ratsherr.

»Es ist der Böse in ihr«, erwiderte ein anderer statt der Mühllene.

Pfarrer Annaberger begann nun, auf die Mühllene einzureden, bewarf sie mit Bibelsprüchen und allerlei Weihrauch. Er forderte sie auf, endlich in sich zu gehen und Buße zu tun. Aber was sollte sie anderes in sich finden, als ihre Schuldlosigkeit und den schrecklichen Gedanken, keine Sympathie vor ihren Richtern zu finden? Sie brachte kein Wort mehr hervor und schwieg.

»Das ist der Trotz, der Bockfuß«, sagten die Ratsherren, »der Teufel verschließt ihr das Maul zur Wahrheit.« Aber ohne die Wahrheit kamen sie nicht weiter. Sie wurden unsicher, und so beschlossen sie, die Sache dem Leipziger Schöppengericht zu übergeben. Da waren sie alle Verantwortung los. Bis zur Klärung warfen sie die Mühllene und ihre zwei Töchter in den Turm.

Das Leipziger Schöppengericht gab seine Entscheidung schnell wieder zurück: »Gestehen die Weiber nicht, so wendet die scharfe Frage an!« Die scharfe Frage war eine heuchlerische Umschreibung der Folter.

Sie bestand im Grunde genommen aus zwei Fragen mit ein und derselben Antwort: Gesteht ihr eure Untat? Wenn ja, so gibt es darauf den Tod. Leugnet ihr eure Untat? So macht ihr euch selber schuldig, und es gibt darauf den Tod. In der Regel gestanden die Gefolterten, die Martermethoden waren zu grausam. Die des Teufels und der Hexerei Verdächtigten wurden durch Teufel in Menschengestalt zu der Aussage gebracht, die man von ihnen hören wollte.

Die Mühllene bat immer wieder um ihre und ihrer Töchter Begnadigung, sie seien unschuldig wie ihre Kinder. Aber ihre Bitte stieß auf taube Ohren. Das Leipziger Schöppengericht hatte angewiesen und machte die Ausführenden frei von allen Skrupeln.

Als der Mühllene Pflöcke unter Fuß- und Zehennägel getrieben wurden, gab sie alle ihr vorgeworfenen Hexereien zu. Aber danach widerrief sie sogleich. Um so stärker streckte man sie darauf, zerrte sie, an einem

Seil hängend, auf und ab, daß ihr fast die Sehnen zerrissen. Irr vor Schmerzen bejahte sie hinterher, das getan zu haben, was man von ihr gestanden haben wollte. Die Tochter Anna gab schon beim Hören der Schreie ihrer Mutter vor der Folter alles zu. Die lahme Christine ging ebenfalls durch die Folter. Von der Mutter habe sie die Zauberformel gelernt: »Du hast mich geschossen; so schieße ich dich wieder in dieses oder in jenes Namen.« Und viermal sei der Satan zu ihr ins Bett gekommen. Die finsterste Phantasie in den Köpfen der Folterer fand so ihre grausige Auferstehung.

Die Tochter Anna bat nach dem Verhör, man solle sie doch laufenlassen, sie wolle irgendwohin gehen und alle Teufelei mitnehmen von Leisnig. Man könne damit das Holz zu ihrer Verbrennung, überhaupt alle Kosten sparen und das Geld lieber den armen Leuten geben.

Aber das Leipziger Schöppengericht entschied abschließend, daß die drei Frauen durchs Feuer vom Leben zum Tode gestraft werden müssen. Was machte das schon für einen Unterschied, wenn die Mühllene zusätzlich zur Richtstätte geschleift werden sollte ...

Die Richtstätte wurde auf einer großen Weide am linken Muldenufer bestimmt. Drei tiefe Löcher gruben dort des Scharfrichters Stengler Gesellen aus Torgau. 26 Klafter Scheitholz, 9 Schock Bundholz und Stroh für 42 Groschen Stroh mußte der Rat zum Aufbau des Verbrennungsplatzes aufbringen.

Einige Tage vor der Hinrichtung ließen die Ratsherren alle drei Frauen aus dem Turm in angenehmere Räume holen und mit Fleisch, Brot, Butter, Wein und Most bewirten. Eine fragwürdige Menschlichkeit. Wollten sie damit ihr Gewissen erleichtern? Der Stadtkämmerer vermerkte die Ausgaben mit 1 Schock 38

Groschen und 10 Pfennigen. Scharfrichter Stengler war freudig aus Torgau erschienen, denn die Arbeit, gleich dreifach, wurde sehr gut entlohnt.

Der 17. November 1615 begann mit Nebel über den Weiden. Ganz Leisnig war auf den Beinen, denn solch Spektakel gab es nicht alle Tage. Auf dem Marktplatz vollzog sich das hochnotpeinliche Halsgericht. Noch einmal wurden alle »Verbrechen« der drei Frauen aufgezählt, die sie nie begangen hatten. Derweil ging es Luntzes Tochter längst wieder gut. Aber das interessierte keinen mehr. Die Richter erhoben sich. Der Bürgermeister von Leisnig fragte, ob die Verklagten, »was jetzo sie vernommen, vor öffentlich gehegtem peinlichem Halsgericht aufrecht erhalten wollen«.

»Ja«, hauchten die Frauen mehr als sie sprachen aus Angst, es könnten erneut bei einer Verweigerung schreckliche Foltern auf sie zukommen. Sie wollten weg, so schnell wie möglich weg von dieser für sie verdammten Welt. Sie waren schon jetzt mehr tot als lebendig. Über ihren Köpfen wurden die Richterstäbe zerbrochen, die Ratsherren stießen nach altem Brauch ihre Schemel um und wandten sich den Pferdekutschen zu. Langsam folgte die Menge den zum Tode Vorbestimmten auf ihrem letzten Gang. Schindergäule schleiften die wimmernde Mühllene durchs Kutteltor hinaus zur Weide. Neben ihr lief der Pfarrer Annaberger und redete allerhand Litanei murmelnd auf sie ein. Aber sie hörte ihn nicht, brauchte ihn nun schon gar nicht mehr.

Draußen auf der Weide wurden die drei Frauen mit Ketten an Pfähle gebunden. Dann zündete Richter Stengler das Feuer. Wie erstarrt stand die Menge und hörte auf das lange Todesgeschrei der Frauen, das zuletzt in Heulen überging. Und manch einer glaubte, im hochwirbelnden schwarzen Rauch Gestalten von Teufeln zu sehen, die, statt in die Hölle, zum Himmel aufstiegen.

Zu Hause geblieben waren die Männer und Kinder von Mühllenes Töchtern. Ihr Gram und ihre Verzweiflung, ihre Machtlosigkeit ist beim Eintrag des Ereignisses in die Aktenbündel nicht festgehalten worden.

150 Taler, damals der Preis für ein stattliches Rittergut, kostete die Hinrichtung. 50 Gulden erhielt der Scharfrichter. Man war nun die Hexen los, die an allem Schuld trugen.

Ob die Leisniger zwanzig Jahre später erneut Hexen als Begründung für die schrecklichen Ereignisse, die ihnen widerfuhren, suchten? Oder hatte man die Morde von 1615, denn um solche handelte es sich ja, längst vergessen?

1634 plünderte nämlich des Kaisers Obrist Schönickel vier Tage lang die Stadt mit einem Schaden von fast einer Viertelmillion Talern.

1637 steckten Eindringlinge die Stadt in Brand mit einem Verlust von 200 000 Talern. Außerdem raffte die Pest zur gleichen Zeit 2 000 Leisniger hinweg, und 1638 saugte die Reichsarmee die Stadt vollends aus.

Aus religiöser Sicht könnte einer leicht sagen: Es war ein nachträgliches Strafgericht.

*

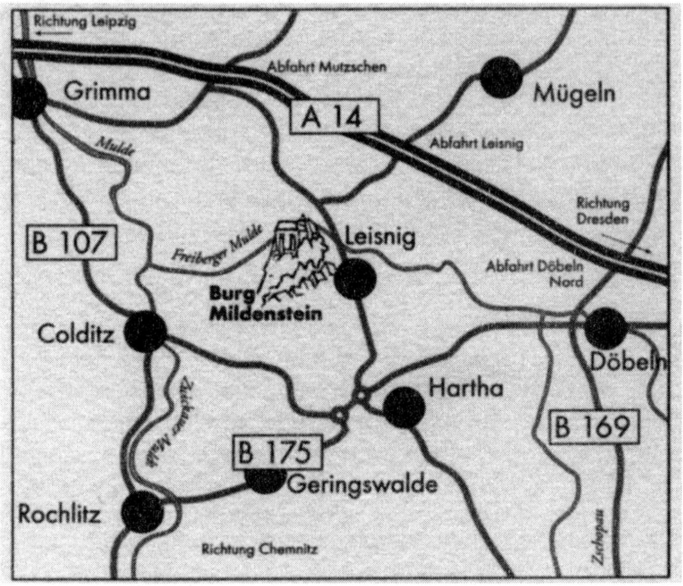


*Der größte Ritterstiefel*

Zwischen Döbeln und Grimma an der Freiberger Mulde liegt das über 950 Jahre alte Leisnig. Zur Baumblüte breitet sich ein Teppich aus weißen und rosaroten Blüten in und um die Stadt. Alte Gassen und malerische Winkel reihen sich um den Marktplatz, der zu den größten in Sachsen gehört. Über der Mulde aber, die früher Milde ganannt wurde, erhebt sich auf einem Stein, einem Porphyrfelsen, die einst wehrhafte Burg Mildenstein als weithin zu sehendes Wahrzeichen von Leisnig. Ihre Anfänge gehen bis ins 10. Jahrhundert zurück. Aus der Zeit um 1086 sind der imposante Burgfried und die Burgkapelle St. Martini erhalten geblieben. Vom Burgfried aus gibt es einen herrlichen Blick über die Stadt und das Muldental. Im Innenraum der Kapelle sind sakrale Plastiken des 14. und 15. Jahrhunderts zu sehen. Beeindruckend ist der Kornhausboden aus der Zeit um 1385 und der Rittersaal im Vorderschloß. Wiprecht von Groitzsch ließ die Burg zu einem Zentrum seines ausgedehnten Herrschaftsgebietes ausbauen.

Das Burgmuseum zeigt in seiner Galerie wechselnde Sonderausstellungen. In den anderen Räumen sind bäuerliche und bürgerliche Wohnkulturen der jüngeren Vergangenheit bestimmend. Attraktion des Burgmuseums ist zweifellos eine aus dem Jahre 1925 stammende handwerkliche Meisterleistung von sechs Döbelner Schuhmachern: Ein Ritterstiefel mit Stulpen und Reitsporn. Der Lederstiefel hat eine Höhe von 3,70 Metern und seine Sohlenlänge beträgt 1,90 Meter!

## *Das Opfer war der Täter*

Ein Hirschfänger ist nicht zum Fangen des Hirsches da, wie man annehmen könnte, sondern zum Aufbrechen des getöteten Wildes. Es gab ihn schon vor vierhundert Jahren. Auf Schloß Glauchau gebrauchten ihn die Besitzer ebenfalls zur Jagd. Aber sie trugen ihn offenbar auch sonst am Gürtel. Er ist ein etwa seitengewehrlanges Messer, das schnell zweckentfremdet verwendet werden kann, wie die folgende Geschichte beweist.

Oberhalb vom Glauchauer Markt steht auf einem Landvorsprung zur Mulde hinunter das Schloß, geteilt in Schloß Hinter- und Forderglauchau. Das F ist kein Druckfehler; es wurde nur eine alte Schreibweise beibehalten. Das Schloß gehörte bis 1610 den Schönburgern der Glauchauer Linie. Sie war die sogenannte niedere Linie mit den Herrschaften Glauchau, Remse, Rochsburg, Wechselburg und Penig – kurz: die Peniger Linie. Die obere, Waldenburger Linie genannt, umfaßte die Herrschaften der Linien Lichtenstein, Hartenstein, Greßlas und Waldenburg …

Bei soviel Linien, geteilt in oben und unten, in hinten und vorn, kreist förmlich der Streit um Vorrang, Erbschaften und Besitzerweiterungen wie ein alter Geier über den Schloßdächern. Außerdem zappelten die Schönburger noch zwischen ihren Lehnsherrn, dem Böhmenkaiser und dem sächsischen Kurfürsten. So war es jedenfalls auf das Jahr 1617 zu.

Mit dem Tod des erst siebenundzwanzigjährigen

Augustus von Schönburg, am 3. Oktober 1610, hatte der direkte männliche Stammbaum der Schönburger aufgehört zu blühen. Und am 3. Februar 1617 starb auch noch der letzte weibliche Sprößling, die Tochter von Georg I. Amabilia. Wohl kaum eine Frau hieß so nach ihr. Sie litt fünfunddreißig Jahre lang an Melancholie, weil sie sich einbildete, daß einst während ihres Abendmahls das Kreuz der Hostie schwarz gewesen sei. War das ein unheimliches Vorzeichen für ihre indirekten verwandtschaftlichen Nachkommen? Augustus starb an einem bösen Husten, wahrscheinlich an Schwindsucht. Auch das könnte symbolisch gewesen sein. In seiner Totenpredigt wird ihm »Guttätigkeit gegen die Armut« nachgeredet, und daß er als Unverheirateter »nicht, wie mancher, mit verdächtigen losen Bälgern Haus gehalten« hätte. Fünf Jahre vor seinem Tod borgte er sich, um die Schulden seines Vaters Georg abzutragen, die auch seine Vettern und gewesenen Vormünder nicht hatten begleichen können oder wollen, von seinem Vetter Martin Graf von Hohenstein auf Versicherung und Einwilligung seiner Vettern 12 000 Taler mit 4prozentiger Verzinsung. Die bisherigen Schulden hätten mit 6, 7, auch 8 % verzinst werden müssen. Vielleicht entstand hier der Begriff Vetternwirtschaft. Auf alle Fälle zeigt es die Situation der Schönburger: Sie wollten auf Kosten ihrer städtischen und dörflichen Besitzungen eine Hofhaltung mit Glanz und Gloria, mußten aber selber für Glanz und Gloria eines höheren Hofstaates ihren Tribut zahlen. Auf sie traf immer mehr die Bezeichnung verarmender Adel zu. Unter Beibehaltung des Standesdünkels entsteht daraus bald Verkommenheit. 1617 lebten auf den beiden Schlössern Hinter- und Forderglauchau acht zum Teil noch unmündige Söhne des verstorbenen Wolf von Schönburg-Penig. Der älteste von ihnen, Wolf Ernst, hatte die Verwaltung des Schuldenhaufens übernommen. Es ist möglich, daß er der Sache nicht mehr gewachsen war.

Am 28. September 1617 saßen die Brüder während des gemeinsamen Essens auf Schloß Hinterglauchau zusammen. Nach der späteren Aussage der Dienerschaft waren sie »alle voll«. Ob es nun das Mittagessen oder das Abendessen gewesen war, ist nicht überliefert.

Der Situation nach zu urteilen, ist eine total besoffene Gesellschaft schon mittags denkbar.

Die Akten sagen nicht aus, was die Dienerschaft dachte. Für sie ist es gefährlich, zu denken. Hatten sie die Fäuste heimlich geballt und dachten an die einst hier blutig vereitelten Bauernaufstände unter Nicolaus Fucher, die ihnen noch ihre Vorfahren geschildert hatten? Das ist zu bezweifeln. Ihr spezifischer Stand wird sie eher zu einer gewissen niederen Diplomatie erzogen haben. Wie dem auch sei, auf alle Fälle wurden ihre Gedanken durch plötzliches Gebrüll jäh unterbrochen. Wolf Ernst hatte dem ebenfalls mit zu Tisch sitzenden Hauptmann Wolf Dietrich von Geilsdorf Veruntreuungen vorgeworfen.

Der Hauptmann bestritt dies im Suff mit Worten, die ihm nicht zustanden. So stieß ihm der Schönburger dermaßen heftig gegen die Brust, daß Geilsdorf ziemlich unrühmlich zu Boden fiel. Wieder aufgerappelt, zog er seinen Degen und torkelte auf Wolf Ernst los. Dazwischen sprang dessen Bruder Otto Wilhelm – wenn zwei sich streiten, tritt nicht als dritter dazwischen! – und erhielt von dem Hauptmann einen Degenhieb über den Schädel, so daß er sein Zimmer aufsuchen und sich verbinden lassen mußte.

Der Streit schien beendet. Wolf Ernst begab sich in seine bereitstehende Pferdekutsche und wollte nach Penig fahren. Welcher Teufel ihn ritt oder welcher Zorn noch in ihm grollte, ist nie bekannt geworden. Am Markt ließ er wenden und kehrte in seine, Gemächer zurück. Diese betrat kurz danach Otto Wilhelm mit verbundenem Kopf und einem Hirschfänger in der Hand. Draußen vor der Tür blieben sein jüngerer Bruder August Siegfried und der Hauptmann von Geilsdorf. Die Dienerschaft stand ebenfalls dabei.

Wollte sie schlichten oder mußte sie einfach nur ihren Herren folgen? Sie sagte später aus, Otto Wilhelm habe den Hirschfänger in der Scheide unter dem Arm getragen, als er das Zimmer von Wolf Ernst betrat. Dieser behauptete aber, sein Bruder habe ihn sofort beschimpft und sei mit entblößter Waffe auf ihn zugegangen. Da hätte er ebenfalls einen Hirschfänger ergriffen und in seiner Not zugestochen.

Eine Handbreit unter der rechten Brustwarze Otto Wilhelms befand sich ein tiefer Stich, aus dem hörbar die Luft entwich. Nur zwei Atemzüge, dann starb er.

Wolf Ernst verließ am Abend Glauchau. Mit sechzehn Pferden vor der Kutsche und seinen Dienern floh er Hals über Kopf zum Schwager, dem Grafen zu Pappenheim in Franken.

Die übrigen Brüder blieben eine Weile verschreckt und ratlos angesichts des Brudermordes. Dann ließen sie den kaiserlichen Notar und Amtsschösser Gundermann holen, der alle Zeugen befragte und ihre Aussagen niederschrieb.

Was nun an Verzögerungen begann, erinnert frappierend an die Gegenwart, sofern es sich um peinliche Angelegenheiten auf höherer Ebene handelt. Denn ein peinlicher Vorfall war es ohne Zweifel, wenn ein hochwohlgeborner, adliger, besoffener Herr seinen Bruder ersticht. Gundermann leitete seine Niederschriften an den Böhmenkaiser weiter, dem er unterstand. Nun aber meldete ein Zwickauer Hauptmann von Metzsch dem Kurfürsten, die Schönburger hätten das Geschehnis zwar dem Böhmenkaiser zur Kenntnis gegeben, dem Kurfürsten von Sachsen aber wären sie ausgewichen, sicherlich, weil sie die fatale Sache vor einem Glauchauer Gericht anhängig machen wollten, damit es nicht an die große Öffentlichkeit käme.

Der Kurfürst forderte aber, daß die Angelegenheit vor seinem Gericht ausgetragen werden müsse. Die Schönburger gerieten erneut zwischen die Mühlsteine ihres Kurfürsten und ihres böhmischen Lehnsherrn. Eine angereiste böhmische Kommission mußte wieder abreisen, nachdem man ihr mitgeteilt hatte, die Zeugenverhöre des kaiserlichen Notars Gundermann seien bereits dem Böhmenkaiser zugebracht worden. Jetzt befahl Kaiser Matthias, daß die Sache vor der böhmischen Kanzlei in Prag anzubringen sei. Auch er sagte wie der Kurfürst, die Schönburger könnten nicht zugleich Kläger und Richter sein. Mächte übergangen zu haben, brachte die Schönburger in die Bredouille. Würden sie sich dem Kurfürsten fügen, müßten sie befürchten, ihre böhmischen Lehen zu verlieren, da sie dann dem Kaiser nicht gehorchten. So baten sie, das Gericht gleich selber in Glauchau halten zu dürfen, unter dem Vorsitz eines der ihren. Daran waren sie wohl auch am meisten interessiert, vervettert und verschwägert, wie sie auf ihrem Schuldenberg hockten. Darin erkannte der Kurfürst aber den Versuch, sich seinem Recht als Territorialherr zu entziehen. Er nannte

Zwickau als Ort des Gerichtes. Die Schönburger erklärten, sie könnten gar nicht anders, als ihren Einspruch gegen den Kurfürsten aufrechtzuerhalten. Aber sie wollten natürlich Folge leisten.

Währenddessen hatten sich die Streitereien fast über ein Jahr lang hingezogen. Wolf Ernst, der Mörder, saß noch immer in Pappenheim bei seinem Schwager. Am 1. November 1618 setzte der Kurfürst das »hochnotpeinliche Halsgericht« auf dem vorderen Schloßhof von Zwickau an. Wolf Ernst reiste nicht an, und das Ergebnis blieb gleich Null. Erst am 4. September 1619 fand ein neuer Termin statt. Der Angeklagte war diesmal anwesend, weil ihm freies Geleit zugebilligt wurde. Es konnte ihm die Tat nicht nachgewiesen werden, da sie sich in seinem Zimmer zugetragen hatte, wo es keine direkten Zeugen gab. Außerdem drang ja der Ermordete in das Zimmer ein. Wolf Ernst verhielt sich sehr geschickt. Er hatte auch genügend Zeit und Berater gehabt. Die Ankläger wollten ihn nun der Tortur unterwerfen. Seinem Widerspruch, daß solches gegen ihn als Standesperson unzulässig sei, wurde stattgegeben. Das Gericht kam schließlich zu der Erkenntnis, der »Entleibte habe selbst die Ursache zu seiner Tötung gegeben«. Der Ermordete war also der Täter.

Vier Jahre später, am 21. September 1621, wurde Wolf Ernst verpflichtet, nachzuweisen, daß er in Notwehr gehandelt habe.

Am 6. November gab es eine Mahnung, dies doch nun zu tun. Es geschah nie. Sechs Jahre nach dem Mord, am 16. Februar 1623, starb Wolf Ernst.

Angesichts des langen Prozesses, in dessen Verlauf bei vielen nicht standesgemäßen Personen im Land kurzer Prozeß gemacht worden war, möchte man in Anlehnung an Wolf Ernsts letzten Zufluchtsort ausrufen: Ich kenne meine Pappenheimer.

*

## *In Agricolas Geburtsort*

Der Brudermord der Schönburger ereignete sich im Schloß Hinterglauchau, das historisch gesehen wohl am reizvollsten ist – Schloßhof mit Brunnen, Kapelle, Astwerkportal, Renaissancegiebel, Kassettendecke vor dem Rittersaal ... Schloß Forderglauchau beherbergt die Stadtbibliothek, die Musikschule und die Kunstgalerie »art gluchowe«. Schloß Hinterglauchau ist durch das Museum auf besondere Art zugängig. Einst war das Schloß eine Burg, zwischen 1170 und 1180 errichtet. Zum Schloß umgebaut wurde es etwa 1470/85. Es war Sitz mehrerer Generationen der Schönburger, welche auch die Stadt Glauchau gründeten. Urkundlich erwähnt wird sie zum ersten Mal 1240.

Bedeutung hat das Glauchauer Museum durch seine Kunstsammlungen, einmal der des in Glauchau geborenen Malers und Grafikers Prof. Erich Fraaß, zum anderen durch die Stiftung des in Zwickau geborenen Ehrenbürgers von Glauchau, des Kunstsammlers Prof. Dr. Paul Geipel. Seine Schenkung umfaßt u. a. 6 500 Blatt Grafiken, 150 Gemälde, 350 Plastiken, über 40 kunsthandwerkliche Gegenstände und ca. 2300 Mineralien. Mittelalterliche Möbel des Barock, Rokoko, Biedermeier, Klassizismus sind eine weitere interessante Sehenswürdigkeit im Museum. Außerdem gibt es ein Gedenkzimmer für den 1494 in Glauchau zur Welt gekommenen Mineralogen Georgius Agricola, dessen

Denkmal in der Nähe des Bahnhofes steht. Agricola war Stadtarzt und Apotheker in St. Joachimsthal, dem heutigen Jachymov in Tschechien. Er hatte dort Bergwerksanteile und schrieb berühmt gewordene Werke über die Erze und den Bergbau. Er starb 1555 und liegt im Zeitzer Dom begraben. Das Schloßmuseum ist dienstags bis freitags von 9 bis 12 und 13 bis 17 Uhr geöffnet, sonnabends und sonntags von 14 bis 17 Uhr.

Schloß und Kunstsammlung Hinterglauchau

## *»... nebenst einem Hunde, einer Katzen, einem Hahne«*

Schon vor vierhundert Jahren fielen Urteile über Leben und Tod eines Menschen nach einer Mordtat sehr unterschiedlich aus. Die Schalen Recht und Unrecht von Justitias Pendelwaage konnten durch die Gewichtigkeit des Schuldigen beeinflußt werden. Legte er ein bestimmtes silbernes Gewicht auf die Schale Recht, so neigte sie sich, vorausgesetzt die Gerichtsbarkeit war geneigt, zu seinen Gunsten herab.

1514 erschlug Blaßius Haße zu Kleinrückerswalde, das früher einfach Rückerswalde genannt wurde, den Melchior Hewbell (Heubel).

So stand es in einem alten Buch, welches keinen Titel hat. Es fehlen auch Angaben über das Tatmotiv. Drei Jahre später erst, 1517, begann das Rückerswalder Gericht mit der Urteilsfindung.

Richter und Schöppen hatten Vertreter des Mörders wie auch des Erschlagenen geladen. Von Seiten des Täters waren das Michael Hyrßfelter (Hirschfelder) und Jakob Pületz aus der Schleten (Pilz aus Schlettau) anwesend. Zur Bestrafung kamen seitens des Opfers Michael Rebentisch, Martin Funk, Jakob Barth, Peter Metzner und auch andere aus seinem Freundeskreis. Er muß also sehr beliebt gewesen sein. Die zwei Unterhändler des Mörders schienen gleich von Beginn an keine Chancen zu haben. Von der eventuellen Anwesenheit des Mörders ist keine Rede. Auch dürfte kaum anzunehmen sein, daß er seit der Mordtat vor drei Jahren gefangensaß. Der soziale Stand von Michael Hyrßfelter und Jakob Pületz aus der Schleten wird nicht genannt. Es sieht aber alles danach aus, als hätten sie ein gewisses vermögendes Ansehen gehabt und der Mörder Blaßius Haße demnach ebenfalls. Weshalb hätten sie ihn sonst vertreten.

Ihre zahlenmäßige Unterlegenheit den Vertretern des Erschlagenen gegenüber glich sich somit aus, ja, mehr noch, aus dem bevorstehenden Urteil wurde ein Vertrag.

Hyrßfelter und Pületz mußten in die Seele des Mörders eine Wallfahrt nach Rom und Aachen zu den dort vorhandenen Heiligtümern geloben. Wie war das »In-die Seele-loben« gedacht? Die Wallfahrt mehr als geistige Reise? War sie aber doch sehr praktisch gemeint, wer sollte dann die Durchführung kontrollieren? Hatte Haße tatsächlich so viel Geld? Fuhr er überhaupt? Und kam er zurück?

Als zweites mußten Hyrßfelter und Pületz dreißig Seelenmessen und ein Seelbad, also eine Reinigung von Haßens Gewissen durch die Beichte, versprechen. Danach sollte der Mörder seinem Opfer ein steinernes Kreuz auf dem Rückerswalder Gottesacker setzen lassen. Hyrßfelter und Pületz erklärten sich verbindlich bereit, daß dem Getöteten eine stattliche Leichenfeier in der Rückerswalder Kirche durch feierliche Seelenmessen mit vier Wachskerzen zu je ein Pfund schwer gehalten werde. Sechs Priester sollten dabei anwesend sein. Es war aber zu bezweifeln, daß der Ermordete dadurch wieder erweckt worden wäre. Deshalb mußte Blaßius Haße an die Witwe und ihre Kinder zur Sühne seines Verbrechens »zehntehalb Schock Silbergroschen« zahlen. Man hört sie förmlich auf die Waagschale von Justitia plumpsen und die gesetzliche Bestrafung des Mörders nun endgültig von ihm abwenden ...

Die aus Weipert gebürtige Margarethe Gabriel hatte mit Sicherheit 113 Jahre später keine zehntehalb Schock Silbergroschen.

Am 21. Juni 1630 ging Zacharias Herberger aus Königswalde in der Nähe der Ratsbrettmühle an einem »Orbs« vorbei. Die Sprache unserer Vorfahren ist manchmal rätselhaft und geheimnisvoll. Ein Orbs ist der verfaulende Wurzelstock gefällter Bäume. Neben einem solchen fand Herberger die Leiche eines neugeborenen Kindes, nur notdürftig in ein armseliges Hemd eingewickelt. Es war hastig und dilettantisch eingescharrt. Deshalb hatte es Herberger im Vorbeigehen bemerkt. Da die Stelle durch den Orbs leicht wiederzufinden war, lief er zu dem Gerichtsschöppen Hans Nestler, und der brachte gleich noch den Totengräber Christian Stimpel mit. Beide hoben das tote Kind, wie es sich für ein derartiges, unglückliches Wesen gehörte, mit dementsprechenden Gebeten auf. Die Begebenheit wurde vom Ortsgericht zu Protokoll genommen und an das Stadtgericht der Patronatsbehörde Annaberg weitergegeben. Dann begrub man die Kinderleiche auf dem Gottesacker von Königswalde.

Alsbald begann die Suche nach dem Täter, der dem Alter des Kindes nach zu urteilen, das ja nur einige Stunden alt gewesen war, eine Täterin sein mußte.

Die Spur führte zu jener in Weipert gebürtigen Margarethe Gabriel, einer Dienstmagd. Man sprach nicht gut von ihr, weil sie sich als Ledige mit einem Burschen aus Königswalde eingelassen hatte. Er war seit einiger Zeit verschwunden.

Die Protokolle gingen damals nicht auf den seelischen Zustand der Dienstmagd ein. Der läßt sich aber leicht nachvollziehen. Ein Blick auf das Jahr 1630 und die Geschichte um Annaberg zeigt nichts Gutes. Die Pest war ausgebrochen und holte sich wahllos ihre Opfer. Die Angst eines jeden, ob nun aus den obersten Schichten oder den ganz armen, der nächste zu sein, lähmte jedes Zukunftsdenken. Es galt nur der Moment des Überlebens. Seit langem schon regnete es nicht mehr, die Luft war heiß und stocktrocken. Wurden die Toten nicht sofort unter die Erde gebracht, stanken sie im wahrsten Sinne des Wortes zum Himmel. Vom Dreißigjährigen Krieg (1618–1648) war die Gegend bisher verschont geblieben. Aber er rückte näher. Durchziehende brachten die Kunde von Greueltaten. Zunehmende Verrohung und einige Morde in der Nähe verunsicherten die Bevölkerung bereits. Margarethe Gabriel gehörte als ledige Dienstmagd zu den Ausgeliefertsten. Sie war allein und nun froh, einen Mann zu haben, der ihr das Gefühl gab, in dieser bedrohlichen Welt nicht mehr so allein zu sein. Dann wurde sie schwanger, und er, der das alles ganz anders sah, verschwand auf Nimmerwiedersehen.

Es ist sehr wahrscheinlich, daß sie in den letzten Wochen vor ihrer Niederkunft keinen schweren Dienst mehr verrichten konnte und somit keinen Lohn für diese Zeit bekam. Oder sie verbarg die Schwangerschaft mit allen möglichen Mitteln und brachte ihr Kind heimlich zur Welt. So muß es gewesen sein. Sonst hätten diejenigen Frauen, die ihr dabei halfen, es nicht so weit kommen lassen, daß sie völlig verzweifelt und nun vollends in Not, ratlos davonrannte und ihr kleines Würmchen einem angenehmeren Tod als den des Verhungerns übergab. Sie kehrte nicht wieder nach Königswalde zurück. So fiel der Mordverdacht schnell auf sie. Bald schon wurde sie in Ehrenfriedersdorf, in nicht gerade psychisch gutem Zustand, aufgespürt und gab sich kaum Mühe, zu leugnen. Am 30. Juni 1630 holte sie eine Schar Freischützen in die Annaberger Fronfeste.

Zu jener Zeit galt die »Peinliche Halsgerichtsordnung Karls V.« Eine Methode der Verhöre war noch immer die Folter. Da Margarethe Gabriel gestanden hatte, wurde sie »nur« zum Tode verurteilt. Das Gericht aber sandte Akten und Urteil noch einmal »mit einer Frage« an das Schöppengericht in Leipzig. Gab es Mitleid mit der Verurteilten, oder wollte man ganz einfach unter der Obrigkeit nichts Falsches entscheiden, die Verantwortung also abschieben? Die Leipziger Schöppen zögerten nicht und bestätigten das Todesurteil.

Bis zur Vollstreckung wurde die Sünderin auf Stadtgerichtskosten mit ihren Lieblingsspeisen versorgt, und dazu wurden ihr zweieinhalb Kannen Wein gereicht.

Wandte man durch ihr Geständnis auch keine Folter an, so war die Art und Weise, wie sie zu Tode kommen sollte, doch eine. Die Anweisung aus Leipzig hieß, daß »die anrüchige Person zu Königswalde in einem Sack nebenst einem Hunde, einer Katzen (anstatt eines Affen), einem Hahne und einer Schlangen gestecket und ersäufet« werden solle.

Es ist kaum nachvollziehbar, wie religiöser Fanatismus in den Köpfen von Mächtigen zur grausamen Tat führen kann. Was sollten ein Hund, eine Katze, ein Hahn und eine Schlange abwenden? Erst zur kursächsischen Zeit im Jahre 1761 wurde eine solche Tötungsart abgeschafft.

Am Morgen des 3. August 1630 brachten die Fronknechte Max Löwe und Michel Schwander zusammen mit dem Scharfrichter und dessen Knechten Margarethe Gabriel, die zu diesem Zeitpunkt etwa achtundzwanzig Jahre alt war, zum Hinrichtungsplatz. Sie trug ein langes graues Gewand. Ihre Gestalt wirkte dadurch noch kräftiger. Neben ihr gehend, sprach der Diakonus Lazarus Gilbert leise auf sie ein. Beide stiegen dann auf den mit zwei Ackerpferden bespannten Karren.

Freischützen sicherten zu beiden Seiten ab. Hinter dem Karren nahmen die Mitglieder des Stadtgerichtes und die Geistlichen in ihrer Amtstracht Aufstellung. Der Karren setzte sich am Schießhaus vorbei und über den Marktsteig Richtung Königswalde in Bewegung. Vom Rathausturm bimmelte das Armesünderglöcklein dem Aufzug nach. Eine immer größer werdende Menge Schaulustiger folgte der Prozession. Am Ratsgericht in Königswalde angekommen, warteten dort die anderen hiesigen Gerichtspersonen. Noch einmal wurde Margarethe Gabriel nach ihrer Tat befragt und gestand erneut.

Dann zerbrach man den weißen Stab über ihr, das hieß, nun war der Weg für den Scharfrichter und seine Knechte frei. Am Rande des Pöhlbaches steckten sie die Unglückliche in einen Sack und, wie befohlen, die anderen Tiere dazu. Aus Ermangelung einer lebenden Schlange hatte jemand eine auf Papier gemalt.

Ein Raunen ging durch die Menge, als der Scharfrichter den verschnürten Sack in die Pöhla warf. Aber das Wasser war dort nicht tief genug. So tauchte der Sack immer wieder an der Oberfläche auf, und die Knechte mußten so lange mit Stangen nachhelfen, bis endlich die dumpfen Schreie von Mensch und Tier verklungen waren.

Dann ließ der Scharfrichter den Sack zum Verscharren wegbringen.

Im »Schwarzen Buch« des ehemaligen Annaberger Stadtgerichtes liest sich der Abschlußsatz zu dieser traurigen Begebenheit wie ein Seufzer: »... und hat die zuerkannte Strafe des Wassers geduldig erlitten und ausgestanden«.

*

## *Speise und Trank in der Schmalspurbahn*

Vom ehemaligen Waldhufendorf Königswalde im Pöhlbachtal sind es nur wenige Kilometer nach Annaberg-Buchholz und Jöhstadt. Das Dorf lebt im wesentlichen von Urlaubern, die sich in der waldreichen Gegend erholen und Ausflüge in die Umgebung unternehmen. Immerhin gibt es hier Höhenrücken von über 700 Metern. Die 1656 geweihte Dorfkirche mit barockem Kanzelaltar aus dem 18. Jahrhundert ist sehenswert. In Königswalde wurde 1611 der bedeutendste Chronist des Erzgebirges, Christian Lehmann, geboren. Er wirkte von 1638 bis 1688 als Pfarrer in Scheibenberg. Sein chronistisches Werk prägte der Dreißigjährige Krieg. Bekannte Arbeiten sind der »Historische Schauplatz«, die »Kriegschronik« und die »Sittenchronik«.

Zu empfehlen ist eine Wanderung zur Talsperre Cranzahl oder eine Fahrt mit der dampfbetriebenen Schmalspurbahn von Cranzahl über Neudorf, Kretscham-Rothensehma nach Oberwiesenthal am 1214 Meter hohen Fichtelberg. Die Fahrt in historisch-technischer Aufmachung dürfte zu einem unvergeßlichen Erlebnis werden. 1997 wurde auf dieser Strecke das

100jährige Bahnjubiläum gefeiert. Zu bestimmten Touren führt der Zug einen Salonwagen, in dem sich der Fahrgast mit Speise und Trank verwöhnen lassen kann. Der Kurort Oberwiesenthal, an der Grenze zu Tschechien, ist die höchstgelegene Stadt in Deutschland. Der Markt mit der historischen Postmeilensäule, die Schwebebahn zum Fichtelberg und die Sprungschanzen sind die Attraktionen der Stadt.

Eine Seltenheit stellt das kleine Schi-Museum in der Nähe des Marktes dar. Hier wird die Entstehung des Wintersports in Oberwiesenthal sehr originell vom ersten Schi und Sprungversuch an bis hin zu den Sport-Assen der jüngsten Vergangenheit gezeigt.

## *Ein dunkelgrauer, fortrauschender Schatten*

Wenn der Mensch schwach wird, glaubt er, heißt eine alte Weisheit aus dem Volke. Dem setzen andere nun entgegen: Glaube macht stark.

Schon immer hat der Mensch in schlimmen Zeiten versucht, sich einen inneren Halt zu schaffen, auf eine überirdische Gnade und Hilfe zu hoffen. Nimmt die Bedrohung durch die Außenwelt ein nicht mehr zu durchschauendes Maß an, so könnte man auch in abgewandelter Form sagen: Je unsicherer der Mensch wird, desto stärker sein Aberglaube. Die Zunahme von Sekten sind ein gegenwärtiger Beweis dafür. Und kaum eine Zeitung kommt mehr ohne Wochenhoroskop aus. Nicht wenige Leser beginnen dann ihre Woche gefestigter und vergessen im Alltagsstreß, daß eigentlich nichts davon eingetroffen ist. Aber der Glaube, ihr Stern hätte diesmal besonders günstig gestanden, ist nicht mehr vom Aberglauben zu unterscheiden. Sie werden nun leichter zum Objekt anderer, sehr irdischer Mächte. Wenn aber umgekehrt die Mächtigen abergläubig sind, kann das für den einen oder anderen zum tragischen Verhängnis werden.

1691 lebte in Annaberg ein Mann namens Anton Friebel. Aus den Akten ist nicht zu erkennen, wie er sich sein Brot verdiente. Aber sein Tun, weshalb er vor Gericht kam, verrät, daß er ein lustiger Kerl, ein Schabernack gewesen sein mußte. Ob er in dem Haus des

Archidiakonus Enoch Zobel, in der jetzigen Buchholzer Straße 15, wohnte oder nur Hausdienste verrichtete, ist ebenfalls ungeklärt.

Heimlich vollführte er allerhand klappernde Geräusche hinter den Treppen oder im Keller, und die Hausbewohner suchten vergeblich nach den Ursachen. Manchmal rief er einen. Aber wenn der Gerufene eilends herbeikam, fand sich kein Rufer. Abends erschien manchem im dämmernden Haus ein großer, dunkelgrauer, fortrauschender Schatten, und sie schrien zetermordio. Im hinteren Hofgewölbe rumorte es öfters, als arbeiteten dort Bergleute. Aber am Tag ergab sich kein Beweis, daß gegraben wurde. Plötzlich steckte grünes Waldreisig auf der Haustüre oder auf dem Spiegel im Haus, und die Bewohner grübelten, was dies für ein böses Zeichen sei.

Eines Tages rollte eine kopfgroße Kugel die Treppe herunter, und auf einmal hingen alle Kleider in den Schränken verkehrt herum nach unten. Dann lief der Wassertrog aus, sein Inhalt flutete gewaltig wie der Pöhlbach ins Freie, und alle suchten verzweifelt den so plötzlich verschwundenen Zapfen. Hatte er sich gefunden und alles war wieder in Ordnung, hing unversehens ein langer Borstwisch mit unsäglichen Lumpen daran zur Tür hinaus auf die Gasse, als hätte hier ein armseliger Fürst seine durchlöcherte Residenz. Ein Zubettgehender fand abends seine Schlafstelle an einem völlig anderen Ort, und Panik brach aus, nachdem die Magd Feuer nicht im Herd, sondern auf der Herdplatte entdeckte. Zuweilen keckerte und lachte es im Haus, daß den Insassen kalter Schweiß die Rücken hinunterschauerte. Ein besonders Beherzter blieb nachts auf Wache und erzählte am nächsten Tag, ein dicker, zottiger Bär habe ihn überfallen und mit seinen Pranken geschlagen. Er erzählte es so wort- und gestenreich, daß sich sein bewiesener Mut gleich dreimal vergrößerte. Als ein Studiosus dann noch behauptete, beim Cembalo spielen hätten sich plötzlich hinterrücks eiskalte Hände auf seine Augen gelegt, nahm das Zittern kein Ende. Ob die Magd, welche dem Studiosus schöne Augen machte, kalte Hände hatte, interessierte dabei keinen.

Fortan aber wurde nun im Haus zu gewissen festgelegten Stunden gemeinsam gebetet und gesungen und sogar öffentlich in der Kirche Fürbitte abgeleistet. Es änderte sich jedoch nichts. Der große, dunkelgraue, fortrauschende Schatten erschien immer wieder. Manche sagten, er sei wie ein schrecklicher Köter, andere glaubten, ein altes Hexenweib erkannt zu haben. Alle aber waren sich einig: Ein Gespenst ging um im Haus.

Anton Friebel hatte seinen Spaß daran. Möglicherweise ging es in dem Haus sehr steif und dünkelhaft zu, und er wurde von oben herab behandelt, er, der eigentlich nicht dümmer war. Da rächte er sich eben auf seine Weise. Wahrscheinlicher aber ist die harmlosere Variante. Er war ein lustiger Kerl ohne Argwohn. Sein Talent zum Schauspielern und Leuteunterhalten hätte bestimmt Jahre später im Annaberger Theater Triumphe gefeiert.

Nun kam sein Schelmenspiel nach etwa zwei Monaten heraus. Mit einer gehörigen Strafe hätte es nun ein Ende gehabt, wenn die Betroffenen nicht in ihrem Aberglauben gefangen gewesen wären. Für sie hatte Friebel mit dem Satan zu tun, vielleicht war er sogar dessen vermenschlichte Erscheinung.

Friebel wird zunächst ungläubig die Vorgänge um sich herum bestaunt haben. Es wurden ihm noch Taten zugeordnet, die er gar nicht verbrochen hatte. Aus der Angst geborene Phantasie häufte sein Sündenregister.

Alle Ereignisse in des Archidiakonus' Haus kamen peinlichst zu Papier und gingen dementsprechend stilistisch geschwefelt zum gefürchteten Schöppenstuhl nach Leipzig. Von dort, ferngelenkt und oft ohne Prüfung vor Ort, nur nach den zugesandten Protokollen ‚fielen die Urteile aus, die häufig einem Mord gleichkamen. Im Falle des Anton Friebel besagten sie, satanische Hexerei, Teufelsbündlerei, derartige Täuschungen konnten unmöglich auf natürlichem Wege geschehen; also war das Urteil am 8. Januar 1693: Tod durch Erhängen. Dabei konnte er noch froh sein, daß es auf so einfache Weise geschah.

Die Beteuerungen Friebels, er habe doch nichts Arges damit beabsichtigt und wäre dem Teufel so fern wie sie, waren vergebens.

Angesichts des drohenden Todes schwor er immer heftiger, unschuldig zu sein. Da kamen selbst dem Pfarrer, der ihm Stunden vor seiner Hinrichtung beistand, Zweifel. Und er fragte Friebel, ob er denn nicht doch ein geheimes Bündnis mit dem Satan habe. Inständig beteuerte Friebel seine Unschuld. Er bat den Pfarrer, doch zu veranlassen, daß er öffentlich seine Zauberstückchen vor aller Augen vorführen dürfe, so könne er beweisen, daß nichts Teuflisches im Spiel war. Man solle ihm nur seine große, zottige Decke bringen, damit alle sähen, wie er kein Bär oder Schatten gewesen sei.

Da faltete der Pfarrer erschrocken die Hände und blickte mit heiliger Ehrfurcht, den Herrn um Vergebung für Friebel bittend, zum Himmel.

»Die wenigen Minuten, die du noch zu leben hast«, sagte er, »solltest du nicht schon wieder zum Teufel werden, sondern für deine Bekehrung verwenden.« So legte sich endgültig die Schlinge um des armen Anton Friebels Hals, und der Boden, auf dem er so gern seine Späßchen getrieben hatte, wurde ihm ruckartig unter den Füßen weggezogen.

*

## *Die Rechenschule von Adam Ries*

1492 wurden am Schreckenberg beträchtliche Silberfunde gemacht. So begann man 1496/97 schon mit dem Bau Annabergs. Krönung sollte eine Kirche zu Ehren der heiligen Anna werden. 1499 ist das Datum des Baubeginns. Wer nach Annaberg kommt, ist von der Mächtigkeit der St. Annenkirche, dem strahlenförmig wirkenden Portal und dem gewaltigen Turm bereits von außen beeindruckt. Drinnen ist die Kirche ein überwältigendes Erlebnis in vielen Details vom marmornen Bergaltar, den anderen in Holz geschnitzten Altären, Kanzelreliefs bis hin zur farbenfreudigen Gewölbemalerei. Der völlig restaurierte Kirchenraum ist zu einem prächtigen Kunstwerk europäischen Ranges geworden. Einmalig die realistische Darstellung der Arbeit der Bergmänner jener Zeit des Silberbergbaus auf der Rückseite des Bergaltars in vier Tafeln durch den Maler Hans Hesse. Der Betrachter erfährt, wie sie sich kleideten, wie sie mit ihrer Technik umgingen.

1523 kam ein Mann nach Annaberg, der sechzehn Jahre später den Titel »Churfürstlich Sächsischer Hofarithmeticus« erhielt - der Rechenmeister Adam Ries. Er kaufte in der Johannisgasse ein Haus und errichtete dort eine Rechenschule. Es ist das heute zu besichtigende Adam-Ries-Haus. Ries hatte damals erkannt, daß mit dem Aufblühen der Städte des Erzgebirges und dem zunehmenden Warenverkehr seine Rechenkünste gebraucht wurden. Noch heute heißt es bei Berechnungen im Volksmund: »Das macht nach Adam Riese ...«

Nahziele: Der 832 Meter hohe Pöhlberg, ein Tafelberg aus Basaltstein und das alte Hammerwerk in Frohnau. Der Frohnauer Hammer wurde seit 1621 als Kupfer- und Eisenhammer benutzt. Von 1925 an ist er technisches Museum. Die drei Hämmer wiegen zusammen 13,5 Zentner. In den oberen Räumen werden kunsthandwerkliche Schmiedearbeiten gezeigt.

## *»Wünsche allen tausend gute Nacht«*

Am 24. Juni 1696 weist der Hartensteiner Amtmann Jost Hermann Schönheimb an, den im nahen Beutha wohnenden Nicol List zu verhaften. Das Maß ist voll, und die notwendigen Indizien sind nun vorhanden. Nicol List gilt als besonders ausgebufft und gefährlich. So ist die Schar der Angewiesenen auch entsprechend vorbereitet. Sie umstellt nächtens das Haus, einige Ausgesuchte dringen ein, der geplante Fang glückt. List wird angetroffen, und zwar einmal da, wo er selten ist – im Bett seiner Frau Margarethe. Auf das Geheiß, mitzukommen, tut er sich wie immer schwer und spielt laut, während er sich umständlich anzieht, den empörten, ehrbaren Bürger. Das kann er mit seiner rauhen Stimme, den dunklen unergründlichen Augen, den wilden schwarzen Haaren und ebensolchem Bart unter der Nase. Er bringt Leute in Zweifel, ob er tatsächlich so schlecht sei, oder er schüchtert sie ein durch drohendes Auftreten. Später weigerten sich Leute, die er kannte, gegen ihn auszusagen. Auch jetzt erreicht er ein kurzes Zögern bei den anderen, genau soviel, um an zwei versteckte, geladene Pistolen heranzukommen. Dann schießt er sich blitzschnell den Weg frei. Der Landschöppe Christoph Kneuffler sinkt schwerverletzt an der Wand zusammen. List hetzt die Treppe hinab. Unten stellt sich ihm ein Mann wie ein Berg entgegen, der Hoffleischer Gottfried Eckhardt. »Weg da!« brüllt List. Bevor der überraschte Eckhardt nun selber eine Waffe ziehen kann, schießt List erneut und tötet den Fleischer auf der Stelle. Es gelingt ihm, eines der Pferde zu besteigen, und während sich alle erschrocken um den sterbenden Landschöppen Kneuffler bemühen, prescht er davon in die Finsternis der Wälder. Er weiß, daß er die Möglichkeit seines Heimkommens für immer verspielt hat. Widersetzlichkeit gegen die Anordnung des Landgerichtes, Doppelmord vor Zeugen ...

Denn die zwei Männer vor seinen Pistolen dürften keinen Mucks mehr von sich geben. Schießen hat er schon in den Kriegen gelernt, und diese Zeit ist noch gar nicht lange vorbei.

Als uneheliches Kind von Eltern, die nach den damaligen Moralauffassungen Unzucht getrieben haben, dafür im Gefängnis saßen und schließlich gezwungen wurden, zu heiraten, kam er am 5. Dezember 1654 im schönburgischen Waldenburg an der Zwickauer Mulde zur Welt. Da scheint es schon mit Gewalt losgegangen zu sein. Nicol war helle, begriff schnell; es ging ihm vieles leicht von der Hand. Er wäre sicher ein guter Schmiede- oder Töpfermeister geworden. Aber für einen, der arme Eltern hat, ist's damit schon beim Denken zu Ende. So geht er als Stalljunge zum Herrn von Schönburg aufs Schloß. Seine nächsten Stationen: Stallknecht beim Edelmann von Riegel, danach Reitknecht beim Remser Christian Ernst von Schönburg und bald beim Hofmeister von Weißenbach in Hartenstein. Eine gewiße Entwicklung ist abzusehen.

Und die Pferde müssen es ihm angetan haben, mit denen wußte er umzugehen. Einen schlachtreifen Gaul konnte ihm keiner als Reitpferd andrehen.

Zum ersten Mal wird er bei seinem Hartensteiner Hofmeister mit einem großen Gelddiebstahl in Verbindung gebracht. Nicol hatte ein Mädchen aus Beutha kennengelernt. Im Haus von dessen Mutter ging er ein und aus. Nun suchte man dort die verschwundenen Taler, fand sie jedoch nicht. Ein dunkler Schatten, der auf Nicol List fiel, blieb. Deshalb verließ er Beutha, ging als Kavallerist zu den sächsischen und preußischen Reiterregimentern.

Unter dem Großen Kurfürsten kämpfte er in der Schlacht bei Fehrbellin. 1680 kehrte er, gut besoldet, nach Beutha zurück, kaufte das Haus der Mutter seines Mädchens, heiratete und verschwand bald wieder, obwohl seine Frau schwanger war. Er hatte die Unruhe im Blut. Das bewies schon sein ständiger Wechsel von Herr zu Herr.

Als Kürassier kämpfte er in Ungarn gegen die Türken, bei Wien gehörte er zu den Siegern am Kahlenberg. Irgendwann erfuhr er von einem aus der Heimat hinzugestoßenen Kürassier, daß seine Frau nach der Geburt ihrer Tochter gestorben war. Es scherte ihn eigentlich wenig. Wo gehauen, getötet, geplündert, gesoffen und vergewaltigt wird, gibt es kein Gefühl für ein friedliches Leben. List ist da kein Ausnahmesoldat gewesen.

Als er 1686 heimkehrte aus diesem landesfürstlich gestatteten Verbrecherleben, brachte er eine Frau namens Margarethe mit, die nicht zimperlich war und sich auskannte im Umgang mit Kriegern.

Beutha aber mied List. Das Kind sah er wohl als Klotz am Bein. In Ramsdorf bei Borna kaufte er eine Schenke. Margarethe hatte das Zeug zu einer resoluten Schankwirtin. Sie wird List zum Kauf angeregt haben.

Das hätte nun ein Anfang sein können. Allmählich kamen die Ramsdorfer gern. Aber auch von woanders her kamen die Gäste. Seine ebenfalls ausgedienten Kumpane aus der Kriegszeit, und darunter welche von der übelsten Sorte, hatten erfahren, daß er eine Schenke betrieb. Da ließ sich also das wüste Leben weiterführen. Sie rückten an, soffen und fraßen ohne zu bezahlen, wie sie es eben gewohnt waren.

Anfangs wehrte sich List. Aber was sollte er gegen diese Kumpanei ausrichten? Die guten, zahlbereiten Ramsdorfer Gäste blieben aus, nachdem sie Gefahr liefen, verprügelt zu werden. Die Schenke drohte Pleite zu gehen. Da boten ihm die Saufgenossen an, er möge sich doch an ihren Raubzügen beteiligen, ins Vogtland zum Beispiel, da hätten sie was Großes vor. Es ginge zu wie in alten Zeiten, und sie nähmens ja von welchen, die es auf andere Art auch nur genommen hätten. Da gab List nach und machte mit. Aber den Anteil an der Beute knöpften sie ihm wieder ab, indem sie völlerten und nassauerten hinter seinen Bierfässern und ihm auch mit Gewalt die Kasse leerten. Er kam auf keinen grünen Zweig.

So verließ er mit Margarethe die Gegend und zog sich nun doch ins heimatliche Beutha zurück. Es war der zweite Versuch zu einem ordentlichen Leben: Hauskauf neben der Pfarre, Trauung mit Margarethe, Pferdehandel, Knechte, Bedienstete ... Daß er seine schwangere Frau einst verlassen hatte, trug ihm offensichtlich keiner nach. Er hatte Bücher mitgebracht, befaßte sich mit allerlei geheimnisvoller Wissenschaft, las zum Beispiel Paracelsus. Das beeindruckte in dem kleinen Dorf. Die vielerlei Erfahrungen des Weitgereisten wurden gebraucht.

Aber erneut kamen bald seltsame Kunden angeritten, die List kannten, sich einfach Pferde aus dem Stall nahmen und davongaloppierten. List verkniff sich eine Gegenwehr. Er wollte das Dorf nicht aufwecken. Das sprach immerhin für ihn. Doch es war, wie es heute auch ist: Wer aus dem Sumpf herausgekommen ist, den packen diejenigen, die drin sitzen, an den Füßen und zerren ihn wieder hinunter.

Die Zeit, in der Nicol List lebte, litt noch unter den Nachwirkungen des Dreißigjährigen Krieges. Der Westfälische Friede führte zum entgültigen Untergang des Deutschen Reiches. Totale Verarmung, Verrohung, Raubüberfälle und Totschlag gehörten zum Alltag. Die aus dem Krieg Zurückgekehrten kannten kein geregeltes Leben und begriffen nur allmählich, daß ihr Tun jetzt mit Strafen geahndet wurde. Lug und Trug florierten ...

1691 bis 1693 pachtete List den sich im schönburgischen Besitz befindlichen Gasthof »Grüne Tanne« im benachbarten Raum. Vielleicht war es wieder der Wunsch seiner Frau, der Schankwirtin Margarethe, nunmehr auch der Mutter seiner Kinder? Oder wollte List das Gesindel von Beutha fernhalten und in Raum unter Kontrolle bringen? Oder hatte er schon beschlossen, Diebestouren unerkannt von anderer Stelle aus zu starten? Nicht alles gibt die Vergangenheit frei. Sicher ist, er begann sich zu wehren gegen die Übergriffe seiner Erpresser. Er sammelte um sich allmählich die seltsamsten Gestalten unter der Bedingung, daß sie nur mit ihm auf Raubtouren gehen könnten, wenn sie ihn gegen die anderen Strolche schützten. Bei seiner Gewandtheit, seinem imponierenden Auftreten und der Fingerfertigkeit war er bald ihr anerkannter Anführer. Frau und Kinder spielten bei ihm immer mehr eine untergeordnete Rolle.

Er flog ein und aus wie er wollte. In Beutha war er der erfahrene Pferdehändler, in Raum der umsichtige Gastwirt, der geschäftlich viel unterwegs sein mußte. Später sagte der gefangengenommene Mitkumpan Hans Christoph Enderlein über ihn, er sei der vornehmste Dieb gewesen. »Alle Schlösser und eisernen Türen, wenn ihrer gleich zehn hintereinander wären, mache er ohne Schaden auf.«

»Vornehmster Dieb« bezieht sich auch auf Lists Trick, als Herr von der Mosel mit Diener und scheinbar adliger Geliebten Gutgläubige zu täuschen und danach zu prellen. Er war ein genialer Dieb, ein Kirchenräuber großen Stils, und er war ein Mörder.

Als er sich im Juni 1696 bei seiner Verhaftung noch einmal in die Freiheit schoß, währte diese nur zwei Jahre. Bei einem Einbruch in Greiz wurde er gefaßt und leugnete alle ihm vorgeworfenen Untaten. Sich selbst die Kehle durchzuschneiden und ein weiterer Fluchtversuch scheiterten. Drei deutsche Länder verlangten seine Auslieferung.

Im bayerischen Hof wurde List in die Marterkammer gebracht. Der Scharfrichter ließ zuerst die Daumenstöcke anlegen und dann immer verstärkter die Beinschrauben. Unter diesen Schmerzen schrie List schließlich »O Jesus, Jesus im Himmel, erbarme dich über mich!« und gestand. Er nannte auch die Namen seiner Raubgenossen. Sein Schicksal war besiegelt.

Unter strenger militärischer Bewachung wurde List ein Jahr später nach Celle ins Lüneburgische transportiert. Er soll die tagelange Tour krummgeschlossen durchgestanden haben. In Lüneburg hatte er sich den wohl kapitalsten Kirchenraub geleistet, als er mit seinen Komplizen in der Kirche St. Michaelis den überaus kostbaren Altarschrein stahl. Die Lüneburger Gewaltigen warteten deshalb schon mit besonderem Haß auf ihn.

Am 23. Mai 1699 zerschmetterte man ihn »von unten auf mit acht Schlägen«, das heißt, es wurden ihm Beine und Arme zertrümmert.

Dann hieb man dem noch Lebenden und laut Jesus Anrufenden den Kopf ab, spießte diesen auf einen hohen Pfahl, damit es alle sahen. Sein toter Körper wurde auf einen brennenden Scheiterhaufen geworfen und bald zu Asche.

In Nicol Lists Testament steht am Schluß: »Schließlich alle meine lieben Kinder und alle Bekannte, auch alle, so ich beleidigt habe, tue ich nochmals um Verzeihung bitten um Gottes willen, darnach nochmals bittend, solches meinen armen Kindern nicht entgelten zu lassen. Wünsche nochmals allen zu tausend Mal tausend gute Nacht.«

*

## *Einkehr im Gasthaus »Zur grünen Tanne«*

Unweit von Hartenstein an der Zwickauer Mulde befinden sich die kleinen Dörfer Raum und Beutha. In Raum, das zwischen Beutha und Hartenstein liegt, besaß der Räuber Nicol List eine Zeitlang das Gasthaus »Zur grünen Tanne«. Dort kann man auch heute noch gut einkehren und eine Tafel zur Erinnerung an den einstigen Gastwirt lesen. In Beutha, nordwestlich des Katzensteins gelegen, besaß Nicol List einst ein Haus. Es wurde nach seiner Hinrichtung abgerissen und an seine Stelle wurden drei Gedenksteine gesetzt. Sie sind heute auf dem Friedhof zu besichtigen. Auf dem mittleren großen Stein ist die Lebensgeschichte Lists nachzulesen. Die beiden anderen Steine in Form von Kreuzen erinnern, allerdings in fast völlig verwitterter Schrift, an die beiden von List ermordeten Hartensteiner Bürger.

In der Hartensteiner Kirchgasse wurde 1609 der Dichter aus dem Dreißigjährigen Krieg Paul Fleming geboren. Sein Denkmal steht seit 1896 auf dem Markt. Vorhanden als Ruine ist nur noch das im 2. Weltkrieg zerstörte Schloß Hartenstein. In der Nähe von Hartenstein versteckten in der heutigen »Prinzenhöhle« die Ritter Mosen und Schönfels im Auftrag Kunz von Kauffungens den Prinzen Ernst auf ihrer Flucht.

Am Bahnhof Hartenstein steht die Feudalburg Stein. Sie ist eine der schönsten Burgen Sachsens, was ihre Anlage betrifft. Ihre Geschichte ist im Burgmuseum nachvollziehbar. An Kunz von Kauffungen wird hier erinnert, der die Burg einst besaß, und natürlich an Paul Fleming. In den einstigen Wohnräumen werden alte Hieb- und Stichwaffen, Rüstungen, Handfeuerwaffen und Folterwerkzeuge gezeigt. Der Besucher erhält einen Einblick in die Wohnverhältnisse und Lebensbedürfnisse der Ritter und Lehnsmänner jener Zeit.

## *Eine Kanne Wein dem armen Sünder*

Die Oberlungwitzer hielten am 21. März 1747 ein großes Eß- und Trinkgelage ab. Georg Sonntag lieferte dazu einen gut im Fleisch stehenden Schöps für 1 Taler und 15 Groschen. Außerdem gab es einen saftigen Schinken, der im Preis nicht allzuviel nachstand, nämlich 1 Taler, 9 Groschen und 9 Pfennige. Benjamin Wolf erhielt 1 Taler und 10 Groschen für seine frisch aus dem Lungwitzer Bach gefangenen Fische. Und fünf alte Hühner für genau 23 Groschen mußten auch daran glauben. Es wird im Oberlungwitzer Festraum gar appetitlich gerochen haben. Allerlei Gewürze für 3 Taler, 16 Groschen und 6 Pfennige trugen dazu nicht wenig bei. Die Preise sind damals fein säuberlich eingetragen worden und geben somit ein interessantes Bild, was man alles für sein Geld kaufen oder eben nicht kaufen konnte. Immerhin wurde bei diesem Fest für beachtliche 3 Taler, 20 Groschen und 3 Pfennige zum Essen »Brande-Wein« ausgeschenkt und für 1 Taler, 12 Groschen drei Kannen Wein. Bier floß auch in Massen. Es war nicht billig. 3 Taler bekam der Brauer J. Chr. Wolf für ein Viertel. Vielleicht war das vom Bürger Sonntag nicht so gut, denn der erhielt nur 1 Taler und 2 Groschen dafür.

Allerhand Holz wurde herangeschafft, damit die Speisen gut braten und gedeihen konnten. Auf der langen Tafel brannten festlich die Kerzenlichter. Sie sah schön bunt aus, so geschmückt mit Pflaumen und Preiselbeeren vom Eingekochten, mit Pilzen, Brot, Semmeln, Butter, Salz, Käse und duftendem Kaffee ...

59 Bauern und 129 Häusler zahlten insgesamt 204 Taler und 24 Groschen für dieses zeitige Frühlingsfest, denn was sonst sollte es um solche Jahreszeit schon gewesen sein?

Merkwürdig ist jedoch der finanzielle Aufwand, den die Bauern und Häusler im Verhältnis zu den wenigen Talern für Speise und Trank leisten mußten. Sie hatten damit ganz andere Amtsangelegenheiten zu tragen. Gar seltsam liest sich in der kulinarischen Liste der Vermerk 12 Groschen »vor eine Kanne Wein dem armen Sünder«. Und erfährt man weiter, daß der Scharfrichter Brand 25 Taler und der Totengräber 8 Groschen erhielten, so ist das Frühlingsfest aus und vorbei.

Der arme Sünder trank seinen Wein nicht mit an der Tafel. Sie war auch nicht ihm zu Ehren angerichtet. Die 59 Bauern und 129 Häusler fanden ebenfalls keinen Platz daran. Um sie gruppiert saßen die Herren der Gerichtsbarkeit und der übrigen Obrigkeit. Daß man es sich unmittelbar nach dem blutigen Tod eines Menschen derart gut munden läßt, ist für ehrbare Leute unvorstellbar. Aber die Herren an der Tafel galten doch als ehrbar! So, wie sie mit dem Ruck ihrer Handrücken das Fett von den Lippen wischten, hatte vorher der Scharfrichter mit seinem Schwert den vom Wein betäubten Kopf des armen Sünders abgehauen.

Am ersten Weihnachtsfeiertag 1747 klopfte ein etwa dreißigjähriger Mann namens Christoph Triemer aus Mittelbach an die Tür des Oberlungwitzer Gemeindehauses, in dem der Totengräber wohnte. Auf dem Arm trug er sein zweijähriges Stieftöchterlein. Er sagte dem Totengräber, es sei jetzo an den Blattern gestorben, und er bat ihn um der christlichen Liebe willen, das Kind aufzunehmen und einzuscharren. Er selbst müsse sein Brot vor den Türen suchen und wäre zu arm für ein Begräbnis. Der Totengräber nahm das gestorbene Kind erst einmal an. Darauf ging Triemer zum Pfarrer, um die Bewilligung einzuholen. Der aber war nicht zu Hause. Man wies ihn an, später wiederzukommen.

Unterdessen betrachteten einige Leute das tote Mädchen und entdeckten am gesamten Körper, besonders an den Augen und der Kehle, blutunterlaufene Flecken. Vertreter des Landgerichtes wurden hinzugezogen und stellten die Flecken an der Kehle als Würgemerkmale fest. Um sicher zu gehen, veranlaßten sie eine Sezierung. Da aber gestand Triemer vorher, er habe sein Stiefkind erdrosselt.

Seine Frau bestätigte, oftmals von ihm bedroht worden zu sein, er wolle sie und das Kind umbringen. Zur Tatzeit war sie ins Holz gegangen, dürres Reisig zum Feueranzünden zu holen. Bei ihrer Rückkehr fand sie das Kind tot. Triemer jedoch behauptete, dies sei erst geschehen, nachdem sie wieder zu Hause war. Er verhedderte sich in seinen Aussagen und brach völlig zusammen, als man ihn nun scharf fragte, weshalb er das alles getan habe.

Bei seinen Fuhren nach Brot vor die Türen sei das Kind stets bei ihm auf dem Schubkarren gewesen, er hätte es immer zerren müssen als eine unnötige Last. Da wäre er eben nun zu der Ansicht gekommen, damit ein Ende zu machen.

Das Kind war halb verhungert. Stellen rohen Fleisches am Hintern bewiesen die unterlassene Reinigung, es wäre irgendwann vor Dreck verfault. Natürlich ging das auch zu Lasten der Mutter. Die aber hatte noch ein

Kind. Deshalb wurde sie vom Hochgräflichen Schönburgischen Amt Lichtenstein wieder entlassen. Triemer blieb und sah seiner Bestrafung entgegen. Die Kindesleiche wurde in aller Stille am dritten Weihnachtsfeiertag gegen Abend an der Gottesackermauer begraben. Der Fünfte war in der vierköpfigen Familie der Triemers die Armut gewesen.

Das Gericht entschied gegen Triemer den Tod durch das Schwert. Anschließend sollte sein Körper zur Abscheu für die Leute aufs Rad geflochten werden.

Bis zum 18. März mußten die zwei Räder – glaubte man, eines als Ersatz haben zu müssen? – aufgesetzt sein. Es gab aber ein kräftiges Schneegestöber, und so verschoben sich die Arbeiten der Zimmerleute um zwei Tage. Ausführlich schildern die Akten den Aufbau eines hölzernen Gerüstes und anderen Beiwerkes wie das Aufstellen von Hebebäumen und das Zimmern von Sitzbänken für das Hochnotpeinliche Halsgericht. Am 20. März holte Benjamin Wolf mit einem Pferdeschlitten, worauf sich vier Landrichter und etliche Mann Wache befanden, Christoph Triemer aus Lichtenstein ab. Gegen halb drei Uhr nachmittags fuhren sie beim Oberlungwitzer Landrichter Beckmann vor und brachten den Gefangenen angekettet zur Nacht in dessen unterer Stube in Verwahrsam. Gleich darauf kam der Ortspastor, um Triemer, wie es in der damaligen Wortformulierung hieß, »zum Tode zu präpariren«. Abends ging der Sohn des Pastors, Caplan Walther, hin. Schulmeister Wünsch erhielt den Auftrag, Triemer schöne Lieder zu singen. Es war gerade so, als seien dies alles Aufwendungen einem Jubilar gegenüber. In der Tat hatte Triemer noch nie in seinem Leben solche Zuwendungen erlebt.

Er ließ sich das reichliche Essen und Trinken gut schmecken, rauchte voller Genuß seine Pfeife Tabak und begann nach dem Weggang des Caplans angeregt mit seinen Bewachern, von denen er einige kannte, zu plaudern. Seinen Bruder bat er unter Tränen, sich nun um den noch verbliebenen Sohn zu kümmern, damit der nicht auch in ein gottloses Leben eingeflochten werde. Die Sorge um seine Frau schien ihn nicht zu bewegen, er sprach nicht von ihr.

Aber als sein Vater kam, begann er laut zu klagen und zu weinen.

Am anderen Morgen vier Uhr weckte ihn der Amtsfron, ließ ihm die Ketten abnehmen und den Morgensegen beten. Dann mußte er seine Sterbekleider anlegen, »worin er sich ganz groß wußte«, vermerkt der Schreiber. Noch nie hatte Triemer so neue, saubere Sachen an, immer nur gebrauchte und zusammengebettelte Lumpen. So stand er da und sah völlig selbstvergessen stolz an sich herunter. Es war bitterkalt draußen. Die ganze Gemeinde wartete festlich gekleidet vor des Landrichters Haus.

Das Abendmahl hatte Triemer unter geistlichem Zuspruch genommen. Halb sieben Uhr kamen die Schulkinder mit ihrem Lehrer Wünsch, um ihn abzuholen. Nun sah Triemer bleich und verfallen aus. Das angebotene Essen, welches ihm am Abend zuvor noch so geschmeckt hatte, wollte er nicht mehr. Die Kinder sangen »Ach Gott und Herr, wenn mein Stündlein vorhanden ist ...« Triemer begann derart gequält zu schreien, daß auch die Geistlichen sich kaum halten konnten. Der Ortspastor sagte: »Mein Sohn, komm und gehe mit aus dieser Welt.« Da wurde Triemer ganz still und ging mit ihm hinaus.

Das Halsgericht vollzog sich nach alter Formel: Der Amtmann hielt eine Rede, der Scharfrichter klagte den Verurteilten an, wider das 5. Gebot gehandelt zu haben. Die Frage, ob er sterben wolle, weil er sein Kind ums Leben gebracht hatte, beantwortete Triemer leise mit ja. Darauf wurde der Stab über ihm gebrochen, und der Amtmann hielt erneut eine Rede. Eine riesige Menge Volkes säumte den Richtplatz. Viele junge Leute waren auf die umstehenden Weiden geklettert und sahen zu. Wieder erklangen Lieder, und der arme Sünder begann auf seinem Weg zum Stuhl ein zweites Mal laut zu schreien und zu heulen.

»Und als er vom Priester eingesegnet, wurde er auf einen Stuhl gesetzt, ließ die Augen sich binden und wie sonst alles gewöhnlich an sich getrost verrichten ... und als er eine kleine Weile gesessen, unvermutet der Kopf glücklich mit einem Hiebe heruntergehauen und hernach aufs Rad geflochten und der Kopf zwischen 10 und 11 Uhr vormittags genagelt, alsdann die Sache die Endschaft genommen.« Vermutlich hatte sie das für die Öffentlichkeit noch lange nicht.

Denn reichlich drei Monate später, am 5. Juli, reiste die kursächsische Prinzessin Maria Anna, des bayerischen Kurfürsten Braut, durch Oberlungwitz.

Die Einwohner standen Parade, und fünf Viertel Freibier gab es. Vor dem Erscheinen der Prinzessin wurde der arme Sünder Triemer, um sie nicht zu erschrecken, vom Rad abgenommen und unter dem Galgen eingescharrt.

Inzwischen war auch die Kostenrechnung von 241 Talern für seine Hinrichtung abgeschlossen. 248 Taler mußten die Einwohner spenden. So blieb also ein Überschuß von 7 Talern. Ob diese fünf Jahre später zu einer weiteren Hinrichtung verwendet wurden, ist im Kassenbericht nicht aufgeführt.

Am 27. Februar 1751 schnitt nämlich die vierundzwanzigjährige Anna Marie Keller ein Loch ins Dach der Sonntag-Mühle. Sie stammte aus Oberdorf bei Stolberg. Vor drei Jahren hatte sie in der Mühle als Magd gedient. Sie kannte sich also dort gut aus. Das Loch befand sich genau über der Mägdekammer.

Das Elternhaus der Anna Marie Keller hatte keinen guten Ruf. Besonders die Mutter war grob und ungerecht. Das Mädchen wurde zu allerhand kleinen Diebereien getrieben. Diesmal mißlang der Versuch, in der Sonntag-Mühle etwas zu ergattern. Anna Marie Keller wurde ertappt und saß ganze zwei Jahre deswegen in Untersuchungshaft. Eigentlich war jene Zeit nur für einen Diebstahlversuch schon übermäßig grausam, und es hätte nun genügen sollen. Dann aber kam erst das Urteil: Tod durch den Strang.

Anna Marie verhielt sich bei der Verkündung sehr tapfer. Wahrscheinlich erkannte sie aber auch durch ihre Jugend den Ernst dieser Mitteilung noch gar nicht. Sie hatte ein kindliches, unbefangenes Gemüt. In einer Stunde konnte sie scherzen und beten und mit sehr schöner Stimme singen. Wenn es etwas Gutes in ihrer Seele gab, so war es das: Himmelhochjauchzendzutodebetrübt.

Schulmeister Wünschs Singekünste wurden nicht gebraucht. Er reichte ihr sein Gesangbuch, und sie bot sechs Lieder mit ihrer ergreifenden Stimme. Das war ein Tag vor ihrem Tod. Angesichts des Diebstahlversuches muß es wohl besser heißen, einen Tag vor ihrer Ermordung.

Am 12. Januar 1753 wurde sie in Oberlungwitz

erhängt. Wieder war viel Volk anwesend, und die Kostenerrechner hatten genügend Arbeit. Die Gesamtsumme für die Hinrichtung belief sich auf 500 Taler, der Diebstahl betrug nicht einmal 10 Taler.

Die versammelten Menschen erinnerten sich noch gut an die Hinrichtung Triemers. Offenbar begann es in ihren Köpfen trotz der Abschreckung oder gerade deswegen zu arbeiten, und sie waren nicht mehr bereit, solche ungerechte Willkür der Obrigkeit hinzunehmen.

Pastor Schulze schrieb sehr vorsichtig, aber unüberlesbar in sein Jahrbuch: »Unter den zuschauenden Menschen entstand ein großer Tummelt.«

*

## *Strumpfstadt Oberlungwitz*

Der Name Oberlungwitz – die Stadt liegt südlich von Hohenstein-Ernstthal – ist eng mit der Entwicklung der Strumpfwirkerei verbunden. Den Grundstein dazu legte 1731 der erste Wirker Samuel Uhlig mit seinem Handkulierstuhl. Damit begann ein langer Weg bis zum ersten kunstseidenen Damenstrumpf um 1925. Im Hohenstein-Ernstthaler Textil- und Heimatmuseum in der Antonstraße 6 nahe des Bahnhofes ist darüber mehr zu erfahren. Die Schauwerkstatt mit ihren funktionierenden Maschinen bietet einen umfangreichen Einblick in die Herstellung von Erzeugnissen aus der Jacquardweberei, Strumpfwirkerei, Nähwirkerei, der Stickerei und Strickerei.

Zwischen Oberlungwitz und Hohenstein-Ernstthal befindet sich die neue Rennstrecke des »Sachsenring«. 1925 gab es zum ersten Mal ein Motorradrennen auf dem damaligen »Badbergviereck«. Auf dem späteren »Sachsenring« fanden Rennen um den Großen Preis von Deutschland und Europa statt. Nach dem Krieg zog die Rennstrecke Hunderttausende Zuschauer in ihren Bann und wird sie bald im neuen Profil wieder ziehen. Namen wie z. B. Ewald Kluge, Giaccomo Agostini, Phil Read oder Ernst Degner wurden inzwischen zur Legende.

In Hohenstein-Ernstthal in der Karl-May-Straße 54 steht das Geburtshaus Karl Mays, des wohl phantasiereichsten Abenteuerschriftstellers Deutschlands. 1842 wurde er hier geboren und starb 1912 in Radebeul. Seinem Lebensweg, seinem Schaffen, besonders aber seinen literarischen Figuren Old Shatterhand, Winnetou, Kara Ben Nemsi und Hadschi Halef Omar begegnet man in dem kleinen Museum wieder.

## *Arsenik in Götzen*

Sophie Elisabeth Puschmann aus Tannenberg hat allerlei Anlaß zu rührseligen Ergüssen gegeben. Dagegen wehren konnte sie sich nicht, denn es geschah nach ihrem Tod.

»... Ihre schlanke Gestalt erzitterte, auf ihrem Antlitz zuckte es wie von leuchtenden Blitzen mit dunklen Schatten vermischt, ihre Wangen glühten, ihre Wimpern glänzten feucht, sie öffnete die bebenden Lippen und stieß mit versagender Stimme aus dem gequälten Herzen hervor: ›Meister Melzer, haben Sie Erbarmen mit einem verzweifelten Menschenkinde und lassen Sie von mir ab ...‹« Abgesehen davon, daß nach derartiger Beschreibung ihr Gesicht offenbar konvulsisch heimgesucht wurde, muß dieses schön gewesen sein. Sie war ein hübsches Mädchen mit einer natürlichen, ungezwungenen Art und jeder Heiterkeit zugänglich. Nie wäre sie auf die Idee gekommen, in der Sprache des oben zitierten Autors mit versagender Stimme hervorzustoßen, sie sei ein verzweifeltes Menschenkind. Die Erzgebirger hätten gesagt: »Se wor kaa eigebilde Maad.«

Um ihre Lebensgeschichte nachempfinden zu können, ist ein Blick auf die Zeit um 1750 förderlich. Die seit dem 14. Jahrhundert entstandenen deutschen Innungen hatten durch freizügige Unterstützung eine Blüte erreicht, welche schon wieder Zweifel an der guten Wirkung solcher Freizügigkeit aufkommen läßt. Denn uneingeschränkte Macht verleitet zu Übergriffen und führt, zum Niedergang. 1750 hatte das Sprichwort »Handwerk hat goldenen Boden« noch immer seine Gültigkeit. In den gesicherten Eisentruhen der Innungen lagerten sogar üppige Goldgulden als Barauszahlung für den um Kredit bittenden Staat. In der Gunst der Meister zu stehen, erforderte Diplomatie. Die hielten fest zusammen und hatten in ihren Gesellen treue Vasallen. Was sollten die Gesellen auch anderes sein? Spurten sie nicht, konnten sie ihr Ränzlein schnüren und sich davonmachen. Die Meister fanden keine Veranlassung, darüber nachzudenken, ob sie selber einen guten oder einen schlechten Charakter haben.

Puschmanns ließen ihre Kleider beim Geyerschen Schneidermeister Christoph Georg Melzer anfertigen. Vater Puschmann betrieb eine bescheidene Bauernwirtschaft, die mehr im argen als im Gewinn lag. Nebenbei stand er noch der kleinen Gemeinde vor. Er vertrat also den Staat, und Melzer vertrat die Meister. Verachtet mir die Meister nicht! Kam Melzer mit der Elle nach Tannenberg, nahm er auch mit begehrlichen Blicken an der Tochter Maß. Die Puschmanns sahen es. Während der Mutter mehr das Glück ihrer Tochter am Herzen lag, wird wohl beim Vater im Hinterkopf das Glöckchen der Diplomatie gebimmelt haben. Die Sorge ums Weiterleben trug er und wußte, wie lange er noch aus der Milch seiner Kuh verkäufliche Butter machen konnte. Eine Verbindung seiner Tochter mit Melzer war eine gute Partie. Der Schwiegersohn konnte zu einer besseren sozialen Sicherheit beitragen und auch das Ansehen des Gemeindevorstehers Puschmann heben. Mit der Liebe wirds schon noch kommen ...

Aber Sophie mochte den Meister nicht. Er schien sehr eitel und von seinem Gebrauchtwerden überzeugt gewesen zu sein. Die Recherchen ihres Vaters kamen ihr gar nicht erst in den Sinn. Sie spürte, daß da einer von ihr Besitz ergreifen wollte wie von einem guten Ballen Stoff.

In den Geschichten über Sophie Melzer wird auch ein Bursche namens Karl erwähnt. Den soll sie geliebt und als Mann gewollt haben. Bei einem jungen Mädchen mit krausem Haar und schwarzen Augen, wie es hieß, ist es nicht verwunderlich, daß ihr da mehrere nachschauten. Ein Karl kann schon dabeigewesen sein. Da er aber in keiner festen Beziehung zu ihr stand, fehlt er gänzlich in den authentischen Überlieferungen. Denkbar ist aber auch, daß er als eine literarisch-romantische Figur geboren wurde, die nicht den Schmerz der Sophie, sondern den des Lesers vertiefen sollte.

Die Gegenwehr der Sophie scheiterte an der Autorität ihrer Eltern. 1751 vermeldet das Tannenberger Kirchenbuch, der Junggesell, Bürger und Schneidermeister Georg Christoph Melzer aus Geyer ist mit der jungen Tochter des Christoph Puschmann »aufgeboten und am 17. Januar mit einer Hochzeitspredigt allhier copuliert worden, welchen Gott gut Ehestand verleihen wolle«. Der Wunsch war der heilige Vater des Gedankens. Für copuliert ist inzwischen verkuppelt geläufiger.

Welches Alter Melzer hatte, wird im Kirchenbuch nicht genannt. Allein der Vermerk »junge Tochter« läßt darauf schließen, daß der Altersunterschied nicht gering war. Melzer wird ein bürgerlich gestutztes Leben im Kreis Geyerscher Honoratioren angestrebt haben, beneidet und bewundert um solch ein schönes junges Eheweib, das er sich da hielt. Sophie wäre bestimmt noch gern auf einem Dorfball im Kreis gedreht worden. Statt dessen mußte sie den Haushalt führen, des Meisters Magen versorgen, ihm Pantoffel und Pfeife bereitstellen und das Wams für seine Ausgänge bürsten. Da sie ihn nicht liebte, hatte sie mehr Mut zum Widerspruch als es Frauen in jener Zeit ihren Männern gegenüber haben durften. Der Innungsmeister erbebte vor Zorn. Er zwang sie nicht nur, ihm im wahrsten Sinne des Wortes untertan zu sein. Sie sollte auch sonst nicht klüger als er erscheinen. Langsam wuchs sein Groll über das nicht zustandekommende Eheleben wie er es sich zurechtgeschneidert hatte. Er begann in der Wohnung auf sie einzuschlagen, wenn er keine Argumente mehr fand im Streit, und erreichte so wenigstens nach außen hin das Bild eines idyllischen Ehelebens. Umso größer die Verwunderung der Bürger, als seine Frau zur Dunkelheit in ein nahes Gewässer stürzte, wo sie doch gar nichts allein zu suchen hatte, und gerettet wurde. Auch hatte sie nicht um Hilfe gerufen.

Von da an war Sophie Melzer noch stiller, und ihr heiteres Wesen, mit dem sie sich manchmal aus ihrer trüben Welt befreien wollte, erlosch.

Am 8. Juli 1751 buk sie ihrem Mann zu Mittag in der Pfanne einen sogenannten Götzen, einen Kartoffelpuffer. Kurz nach dem Essen wurde dem Meister schlecht. Sie ließ in großer Sorge den Arzt holen. Als dieser eintraf, war Melzer bereits tot. Der Arzt stellte eine Vergiftung durch Arsenik fest, das er auch in den Götzen entdeckte. Er nahm die tödliche Mahlzeit als Beweis mit und erstattete Anzeige.

Sophie Melzer befand sich in einem schockähnlichen Zustand. Der plötzliche Tod ihres Mannes verwirrte sie, obwohl ein Gefühl von großem Schmerz nicht aufkommen wollte. Sie begriff erst allmählich, weshalb der

Arzt die Mahlzeit mitgenommen hatte und beteuerte ihre Unschuld, als man sie holte.

Das Gerücht verbreitete sich schnell in Geyer und Tannenberg: »Die Sophie Melzer hat ihren Mann umgebracht!« Sie bestritt es heftig, aber sie stand auf verlorenem Posten. Der große Leichenzug zur Beerdigung Melzers in Geyer bewies das. Voran schritt die starke Innung mit Meister und Gesellen. Sie genossen diese willkommene Demonstration ihrer Macht und ihres Ansehens. Diakonus Biedermann lobte dann auch den Einsatz Melzers für die Innung, anerkannte seine vortrefflichen fachlichen Fertigkeiten, ja, er stellte ihn als einen treusorgenden Ehegatten und braven Bürger dar. In der Ergriffenheit des Augenblicks entstand der Eindruck eines langen Ehelebens. Dieses hier jedoch hatte nur ein halbes Jahr gedauert. Die Witwe soll noch an der Trauerfeier teilgenommen haben, bewacht von Amtspersonen und von bösen Blicken. Die Giftmörderin am Sarg ihres Mannes. Das Gift der Voreingenommenheit blieb unbemerkt.

Am anderen Tag eröffnete der Geyersche Stadtrichter Johann Christoph Hofmann den Prozeß gegen Sophie Melzer. Sie blieb dabei, ihren Mann nicht getötet zu haben. Außer dem in der Speise nachgewiesenen Arsenik fanden sich keine weiteren Beweise. In der Nähe von Geyer gab es eine Gifthütte. Dort wurde solches auch zur Bekämpfung von Ungeziefer im Haus verwendet. Es konnte durchaus sein, daß Melzer damit Ratten und Mäuse vernichtete und Sophie Melzer die nicht beschriftete Tüte Pulver für Mehl gehalten hatte. Vermutlich war das so, denn wer sie näher kannte, wußte, daß sie keinem Lebewesen etwas zuleide tat und auch nicht in der Lage war, zu lügen.

Mündlichen Überlieferungen zufolge suchten die Richter, welche Meister Melzer gerecht werden wollten, nun mit anderen Mitteln ein Geständnis. Sophie Melzer bekam die »eiserne Birne«. Das war ein birnenförmiges Stück genarbtes Eisen. Es wurde ihr äußerst schmerzhaft in den Mund geschoben. Sie blieb auch danach bei ihrer bisherigen Aussage. So schnitt man ihr mit straff gespannten Pferdehaaren tief ins Fleisch. Aber sie schrie qualvoll, sie habe ihren Mann nicht umgebracht. Offensichtlich unsicher geworden, verlegten sich die Richter auf eine andere Tortur. Diakon Biedermann, redegewandt, wie er es schon zur Beerdigung bewiesen hatte, bohrte jetzt mit verwirrenden, peinigenden Worten in die körperlich und seelisch völlig zerstörte Sophie Melzer und erreichte schließlich, daß sie bereit war, die Schuld am Tod ihres Mannes auf sich zu nehmen. Was genau besprochen wurde, blieb unbekannt.

Vielleicht hatte ihr Biedermann eine Begnadigung in Aussicht gestellt, und die gebrochene, in ihrer Verteidigung alleingelassene Frau, wollte nun nichts weiter als ihre Ruhe. Hätte sie nicht gestanden, wäre sie getötet worden. Nun, da sie verzweifelt ein erzwungenes Geständnis ablegte, geschah das auch. Stadtrichter Hofmann konnte einen erfolgreichen Abschluß melden. Reichlich anderthalb Jahre hatte der Prozeß gedauert.

Am 23. November 1753 wurde Sophie Melzer, die nur noch ein Schatten ihrer einstigen Schönheit war, bei fast winterlicher Kälte zur Hinrichtung auf den Ziegelsberg geführt. Tod durch das Schwert hieß das Urteil. Es sollte die letzte Hinrichtung in Geyer werden. Im abschließenden Gespräch mit dem Geistlichen erklärte Sophie Melzer erneut, sie sei unschuldig. Welcher gläubige Mensch ist im Angesicht seines Todes und unmittelbar vor dem Herrn noch zum Leugnen fähig? Aber es war zu spät. Die öffentliche Scheingerechtigkeit durfte nicht ins Wanken gebracht werden.

Es war ein endlos langer Weg für Sophie Melzer dort hinauf zum Ziegelsberg. Die Menschen um sich herum wird sie nicht mehr wahrgenommen haben, auch nicht die protzige Aufmachung der Schützengilde. Was hatte ihr der Geistliche an der Seite noch zu sagen?

Mehr bewußtlos als bewußt wurde sie aufs Schafott gebunden. Dann schloß sie ganz fest die Augen vor einer Welt, die ihr nicht glauben wollte …

Ins Tannenberger Kirchenbuch schrieb Pastor Christoph Gottlob Petschke sachlich: »Diese Melzer hat ihren Mann nach 25 Wochen Gift vorgegeben, weshalb sie am 23. XI. 1753 in Geyer decoliert worden.«

*

## *Binge-Landschaft bei Geyer*

Auf dem Ziegelsberg bei Geyer, wo die arme Sophie Puschmann um ihr Leben gebracht wurde, erinnert ein Sühnekreuz noch daran, daß hier einst eine Hinrichtungsstätte war. Inmitten dichter Erzgebirgswälder ist die alte Bergbaustadt Geyer gelegen. Außer nach Zinn wurde in der zweiten Hälfte des 14. Jahrhunderts hauptsächlich im Bereich des Geyersberges nach Silber und Kupfer gegraben. Der Leipziger Bürgermeister Hieronymus Lotter (1497–1580), Erbauer des Alten Rathauses und der Alten Waage in Leipzig sowie der Augustusburg, besaß mehrere Gruben und erlebte im Alter den Niedergang seiner Betriebe. Sein Wohnhaus, der »Lotterhof«, befindet sich gegenüber dem Wachturm. Im Geyersberg hielten sich die Grabungen noch länger, bis 1704. In jenem Jahr brach das Bergwerk zum Teil und 1803 gänzlich zusammen. So entstand ein Wahrzeichen der Stadt, die Geyersche Binge oder auch Pinge. Durch den Einbruch ergibt sich für den heutigen Besucher ein anschauliches Bild über die damaligen Abbauarbeiten. Mit einem Fernglas sind die engen niedrigen Strecken durch das taube Gestein noch genauer zu erkennen.

Naherholungsziele sind der Greifenbachstauweiher (Geyerscher Teich) und die Greifensteine mit ihrem Naturtheater bei Ehrenfriedersdorf. Sieben steil aufragende Felsen eines eruptiven Granitstockes überraschen dort den Wanderer im Wald. Vom Aussichtsfelsen bietet sich ein beachtlicher Rundblick. Einst befand sich hier die einzige mittelalterliche Festung des Erzgebirges. 1969 wurde die Burg bei Grabungen wiederentdeckt. Auskünfte darüber gibt das Bergbau- und Greifensteinmuseum. Ein Mundloch des alten Bergbaues in der Nähe heißt »Stülpnerhöhle«. In der Gegend hielt sich der Volksheld und Wildschütz Karl Stülpner (1762–1841) auf. Er soll sich hier vor seinen Häschern versteckt haben.

# *Die Tat im »Roten Stock«*

Offenbar hat es schon um die Mitte des 18. Jahrhunderts falsche Bettler gegeben. Sie haben sich nicht selber so genannt, was beweist, andere Leute maßten sich an, sie so zu betiteln.

Von falschen Bettlern sprechen heute solche, die gern von einer selbstverschuldeten Armut predigen, damit sie ihr schlechtes Gewissen beruhigen können. Bettelnde mit schwarz abgedunkelten Blindenbrillen an belebten Großstadtstraßen, einem Hut vor sich und dem Luxus-Mercedes zwei Ecken weiter versteckt, in den sie dann nach mehrmals prall gefüllten Hüten steigen, um nach Hause zur Super-Villa zu fahren. Es ist unvorstellbar, daß am Tag Tausende Menschen so viel Geld in den Hut eines Bettlers werfen, daß er bald Millionär wird. Nein, zu Super-Villen und Luxus-Wagen sind ihre Besitzer wohl durch eine andere Art des Einkassierens gekommen. Die unzähligen Bettler in den Straßenwinkeln der Großbankenmetropole Frankfurt am Main zum Beispiel würden wohl verletzt aufschreien, wollte man sie als falsche Bettler verleumden, und sie stellten damit dem Staat, der letztlich ihre Armut verursachte, ein echtes Armutszeugnis inmitten schillernder Läden und leuchtender Werbeflächen aus.

Am 26. April 1753 wurden im Hochgräflichen Schönburgischen Amte Remmißen, dem jetzigen Remse bei Waldenburg, zwei sogenannte »falsche Bettlere« gefangengenommen. Ob sie um Brot oder Geld gebettelt hatten, ist nicht überliefert. Der eine hieß Johann Ehrenfried Lott, stammte aus Wölfnitz, war siebzehn Jahre alt und eines Gerichtsdieners Sohn. Der andere, Johann Stephan Wentsch, stand schon im sechsundvierzigsten Jahr und gab seine örtliche Herkunft mit Oste am Schwarzwald an. Er sei eines Gemeindehirten Sohn. Beide galten also in gewissem Sinne als seßhaft und konnten auf ihre Erzeuger verweisen, die sie möglicherweise zu ernähren auch in der Lage waren. Wieviel allerdings ein Gerichtsdiener oder Gemeindehirt verdiente, hing von der Finanzkraft des jeweiligen Amtes ab. Eine Menge Geld wirds nicht gewesen sein, sonst hätten die beiden ja nicht von Haus zu Haus nach Almosen gehen müssen.

Kurzum: die Existenz ihrer Väter machte sie in den Augen derer, die sie packten, zu falschen Bettlern.

Man brachte die beiden armen Luder in den »rothen Stock«. Das war ein wegen seiner roten Mauerfarbe so benanntes turmähnliches Gebäude, Überbleibsel eines 1147 gestifteten Nonnenklosters. Fast vierhundert Jahre später wurde das Kloster durch Luthers Reformation aufgelöst. Der Klostervorstand ließ sich nur mit Gewalt vertreiben, die jungen Nonnen aber wechselten freiwillig ihre Ordensgewänder. Das muß ein lebensfreudiges Bild gewesen sein. Vielleicht sind sie die Urmütter der heutigen Remser geworden?

Nun diente der »Rote Stock« vermutlich zu allerlei Amtszwecken, so auch in seiner Tiefe zur Verwahrung von Sündern. Als Lott und Wentsch gebracht wurden, saßen darin schon ein siebzehnjähriger Michael Zimmermann aus Oberwiera, der seinem Dienstbauern Geld gestohlen hatte, und ein berüchtigter Dieb und Mörder namens Samuel Kästner. Der war an ein doppeltes Handeisen, eine »Brezel« gefesselt. Auch die anderen lagen bald an schweren Holzklötzern auf Stroh und beteten für ein gnädiges Schicksal. Aus dem Bericht ist zu ersehen, daß sie einhundertundzehn Tage so zubrachten.

Die heutigen Gerichte stehen also mit ihrer langwierigen Urteilsfindung in einer jahrhundertealten Tradition. Aber die unbedeutenden Delikte von Lott, Wentsch und Zimmermann konnten doch unmöglich ein solches Hin und Her bis zum Richterspruch hervorrufen! Man wird sie ganz einfach vergessen haben im hochgräflichen Alltag mit Festen, Kontributionen und Erbschaftsproblemen. Im »Roten Stock« waren sie erst einmal der Öffentlichkeit entzogen, und solange die Obrigkeit nichts entschied, konnte es ihren Dienern egal sein.

Festzuhalten, was sich in den reichlich einhundert Tagen im »Roten Stock« abspielte, ist nicht Aufgabe des Amtsschreibers gewesen.

In das Verlies des »Roten Stock« fiel wenig Licht ein. Einhundertundzehnmal erlebten die Gefangenen, wie schwache Helligkeit hereinkam und ihnen anzeigte, daß ein neuer Tag wurde. Bei jedem Rasseln des Schlüssels im Schloß dachten sie, er bringe ihnen die Freiheit oder zumindest die Ankündigung einer begrenzten Zeitstrafe. Einhundertundzehnmal dunkelte es wieder und begrub ebenso häufig ihre Hoffnungen. Da sind die Platzangst und der Gefängniskoller nicht mehr weit gewesen.

»Ich halts nich mehr aus!« schrie Lott. »Was habn wir denn so Schreckliches getan, daß wir hier liegn und nich mehr wissen, welche Zeit is!«

»Es scheint nun Sommer zu sein«, sagte Wentsch, »wenn die Wächter hereinkomme und das Fresse bringe, sehe ich, wie sie schwitze.«

»Ihr müßt nicht warten auf euer Glück«, bemerkte der berüchtigte Dieb und Mörder Kästner, »ihr müßt es selber packen.«

»Wie sollten wir!« spöttelte Zimmermann. »Ist das Glück ein Vogel, der da oben durchs Gitter hereinfliegt und der sich auch noch fangen läßt ...?«

»Euer Glück sind die Wächter«, sagte Kästner augenzwinkernd.

»Die Wächter!« äffte Lott nach. »Es is schon ein Glück, wenn sie uns Butter aufm Brot bringen.« Wentsch beobachtete Kästner von seinem Lager. »Du siehst so aus, als könntest du Mücke mit der Zunge schnappe. Was meinst du mit den Wächtern?«

»Habt ihr schon festgestellt, daß manchmal nur einer von ihnen da ist?« fragte Kästner.

Lott und Zimmerman hoben ihre Köpfe. »Red weiter!«

»Wenn er mir meine Futterage am Abend bringt, müßt ihr ihn dermaßen in ein Gespräch verwickeln, daß er euch näher kommt. Beschwert euch. Sagt ihm, euer Brot sei vermodert, er solle sichs ansehen. Oder denkt euch was anderes aus. Kriegt ihn so in eure Nähe, daß ihr ihn fassen könnt. Er darf nicht zum Schreien kommen. Ich sag euch, wie's geht.«

»Und wenns schief geht«, zweifelte Lott.

»Wollt ihr hier verfaulen, zu Mist werden?« fragte Kästner.

»Recht hat er«, stimmte Wentsch nachdenklich und etwas zögerlich zu, »das Glück wartet nicht, bis wir komme. Ich weiß einen sichere Weg zum Schwarzwald.« Das Glück schien tatsächlich zum Greifen nahe. Bis in die Nacht hinein schmiedeten die vier erregt ihren Plan ...

Die Nacht vom 16. zum 17. August 1753 kam ihnen dann als der günstigste Zeitpunkt vor. An diesem Abend war nur der Häusler Michael Rudolph aus Remse als Wächter eingesetzt, der andere sonstige Wächter fehlte.

Als Rudolph abends gegen zehn die Brotstücke verteilte, beschwerte sich Zimmermann klagend, ihnen sei zu wenig Butter beigegeben.

Rudolph holte noch einen kleinen Schlag und legte ihn auf die ihm hingehaltenen Brote. Diesen Augenblick nutzten Zimmermann und Wentsch, die trotz ihrer Beinklötzer am beweglichsten waren. Sie rissen Rudolph von hinten zu Boden, stopften ihm blitzschnell einen Stofflappen in den Mund, wie ihnen Kästner geheißen, und fesselten ihm mit zu Stricken geflochtenen Strohhalmen Hände und Füße. Rudolph wehrte sich mit ganzer Kraft, er röchelte und stöhnte, gab aber dann seinen Widerstand auf und verhielt sich ruhig.

Kästner hatte inzwischen eine Hand aus der Brezel reißen können. Die anderen schlugen aufgeregt ihre Beinklötzer gegen die Eisenringe an der Wand, damit sie zersprängen und ihnen die Flucht erleichterten.

Lott beugte sich über den reglosen Wächter. Dessen Gesicht war blau angelaufen, die Augen blickten weit geöffnet und starr zur Decke.

»Jesses, er is tot!« schrie Lott, und sein Kindergesicht verzerrte sich vor Schreck.

»Halts Maul! Willst du ganz Remmißen wecken?!« fluchte Kästner.

»Aber er is tot!«

»Macht los, daß wir hier wegkommen«, riet Zimmermann nervös.

Sie waren alle drei sehr bleich geworden. Fieberhaft hieben sie ihre Klötzer gegen die Eisen. Aber die Klötzer waren aus zu gutem Holz. Bis über Mitternacht hinaus gelang es ihnen nicht, ihre Flucht, immer hektischer werdend, einzuleiten. Der »Rote Stock« erwies sich als Falle.

Nachts riefen welche, durch die seltsamen Geräusche aufmerksam geworden, nach Rudolph. Als er nicht herauskam, stiegen einige beherzte Männer in das Verlies hinab.

Beim Nähern der Schritte riet Kästner, den toten Wächter vor seine Bank zu legen, ihm den Knebel aus dem Schlund zu zerren, damit es so aussah, als hätte ihn der Schlag getroffen und er wäre von der Bank heruntergefallen. Zimmermann brachte es fertig, dies zu bewerkstelligen.

Aber die hereingetretenen Männer merkten bald, daß die Gefangenen sehr aufgeregt waren und sich auf ihre bohrenden Fragen hin in Widersprüche verwickelten. Schließlich gab einer nach dem anderen die Tat zu, wobei alle versicherten, den Tod des Wächters nicht beabsichtigt zu haben. Nur der schlaue Kästner hatte seine eine Hand wieder in die Brezel gezwängt und bot so ein Bild tiefster wehrloser Unschuld.

Ein knappes halbes Jahr später, am 25. Januar 1754, wurden Lott, Zimmermann und Wentsch durch das Urteil beim Hochgräflichen Amte Remmißen mit dem »Schwerde justicirt und alsdenn aufs Rad gelegt.

... Und ein jeder, der dieses höret, mercke drauf, und lasse sich solches Exempel ein Schrecken wider böse Thaten seyn, und glaube: Auf eine böse That folgt böser

Lohn.« Ist es nicht aber eine böse Tat gewesen, zumindest eine herzlose, einen kleinen Dieb und zwei »falsche Bettlere« im Verlies des »Roten Stock« hinschmachten und verzweifelt in ihrem Unglück zu lassen?

Auf eine böse Behandlung folgt manchmal erst eine böse Tat.

*

## *Das Linckschе Nturalienkabinett*

1996 konnte die Sanierung des »Roten Stockes«, eines im wörtlichen Sinne hervorragenden Wahrzeichens mit Satteldach und Dachreitern im Dorf Remse, abgeschlossen werden. Remse liegt in unmittelbarer Nähe des historischen Städtchens Waldenburg an der Zwikkauer Mulde.

Der Rote Stock gehörte einst zum Komplex des Benediktinerinnenklosters, von dem noch Reste der Ummauerung erhalten sind. Urkundlich erwähnt wurde das Kloster erstmals etwa 1165/70. Mit dem Beginn der Reformationszeit konnten die Nonnen den Klosterbetrieb nicht länger aufrechterhalten. Das Kloster wurde an die Schönburger verkauft, die es dann als Rittergut weiterhin nutzten. Touristen, die von Glauchau kommend nach Waldenburg unterwegs sind, sollten das kleine Dorf mit seinem Zeitzeugen an der Mulde nicht links liegen lassen.

Nur wenige Kilometer entfernt befindet sich die alte Töpferstadt Waldenburg mit dem einstigen Residenzschloß der Schönburger und dem am jenseitigen Muldenufer großzügig im englischen Stil angelegten Grünefelder Park, der mit seinen Bauwerken, u. a. dem ehemaligen Badehäuschen, an das Zeitalter der Empfindsamkeit erinnern will.

Das Heimatmuseum besitzt neben Exponaten aus der Umgebung eine Rarität für Kenner seltener Sammlungen – das Lincksche Naturalienkabinett z. B. mit einer Mumie und einem Kalb mit zwei Köpfen. Töpfereien in der Stadt produzieren nicht nur kunstvolle Kostbarkeiten. Besichtigungen und Käufe sind jederzeit möglich. Bei Remse und Waldenburg beginnt eine bezaubernde, romantische Landschaft: Das Muldental der Burgen mit seinen historischen Stätten wie Wechselburg, Rochsburg, Rochlitz.

## *Der schöne Jonas*

Es scheint in der Natur des Menschen zu liegen, daß er Mördern größeres Interesse zuwendet als den Ermordeten. Deren Ergreifung, die detaillierte Schilderung, wie sie das Verbrechen begingen, und die Beschäftigung mit ihrer Vergangenheit sind Gründe genug, das Ungeheuerliche im Gedächtnis zu behalten. Der Mörder lebt, der Ermordete ist zu schnell tot. Dessen letzte schreckliche Lebenssekunden sind nicht nachvollziehbar. Die weiß nur er und hat sie mitgenommen. Das Leid seiner Angehörigen, ja, die bleibende Beschädigung ihres weiteren Lebens, gerät schnell in Vergessenheit. Der Weg des Mörders aber in die lebenslängliche Zelle oder dahin, wo die Tat noch im gleichen Maße, also mit dem Tod, gesühnt wird, den verfolgen die Außenstehenden mit Erschauern. Viele Fabeln von Kriminalromanen und -filmen sind auf diesem Prinzip entwickelt worden. Nur der Mörder bringt die Spannung.

Manche Unbeteiligte schützen sich sogar vor einem solchen beunruhigenden Verbrechen, indem sie die Schuld daran dem Opfer zuschreiben, und wenn sie nur darin bestünde, daß es eine Minute sorglos gewesen war. Hätte es doch besser aufgepaßt! Unterschwellig geschieht die Verdrängung durch Vorwürfe. Die Natur des Menschen kann ungerecht sein …

1789/90 erregte ein Mörder in Leipzig die etwas gehobenere Damenwelt derart, daß sie ihn mit ihrem Wehgeschrei über seine drohende Hinrichtung fast zu einem Unschuldsengel machte. Sie litt unter der Gewißheit, dann seinen wohlgeformten Körper nie mehr zu besitzen, und schon die Vorstellung, es könnte vielleicht noch etwas mit ihm werden, wenn er jetzt nicht hinter Gittern säße, brachte sie auf die Barrikaden.

Er war ein Geiger, wohl eher ein Fiedler. Einer, der drauflosfiedelt und sich dabei charmant-dezent beinahe über die vor ihm sitzenden Damen beugt.

Er kam von Taucha her, wo sein Vater als Schneider die Nachbarschaft einkleidete. Folglich begann der Sohn Johann Heinrich Gottlob Jonas die Leute schon als Kind nach ihren feingestochenen Nähten einzuschätzen und ebenfalls Lust am Schneidern zu finden.

1778 ging er als Geselle zu einem Leipziger Schneidermeister. Da war der 1761 Geborene erst siebzehn Jahre alt. Offenbar sah er schon so gut aus, daß es ihm keine besondere Mühe machte, gleich die Magd des Meisters in seine Arme zu bringen. Das ging einige Jahre gut: Schneidern, lieben, schneidern ... Eines Tages jedoch verriet ihm die Magd, er habe wohl einen Stich zuviel getan, und sie sei schwanger. »Na und«, erwiderte Jonas, »was hat das mit mir zu tun? Ich brings nicht zur Welt!« Da wandte sich die Mutter der Magd an ihn, und als ihre Beschwörungen, die Tochter zu heiraten, nicht fruchteten, an den Schneidermeister um Mithilfe. Der redete energisch auf seinen Gesellen ein.

Möglicherweise befürchtete er, die Kundschaft könne bei Ruchbarwerden des Falles hinter seiner Schneiderstube einen Sündenpfuhl vermuten und ausbleiben. Jonas wurde unsicher. Mit der eigenen Mutter konnte er nicht darüber sprechen, die war gestorben. Vom Vater hatte er keine finanzielle Unterstützung zu erwarten, der schlug sich selber mühevoll durch. Also mußte er schließlich dem Drängen der zukünftigen Schwiegermutter sowie dem Rat des Meisters folgen und mit einer Heirat die aufatmende Umgebung von seiner Sittlichkeit überzeugen. Eigentlich spielte das keine Rolle mehr. Des Gesellen Vertrauensverhältnis zum Meister war zerbrochen. Oder störte es den Meister, daß die Magd so plötzlich nicht mehr für den Haushalt voll verwendbar war? Jonas ging. Das erwies sich als ein weiterer unüberlegter Schritt. Denn Arbeit fand sich nicht wieder. Ab und zu durfte er hier eine Hose und da eine Jacke schneidern. Aber es reichte für Frau und Kind weder hinten noch vorn.

So kam es wie es kommen mußte: Eine junge Mutter, die das alles nicht bewältigen kann; ein junger Vater, der nicht auf ein frühzeitiges Familienleben eingestellt ist. Jonas vermeint, in den Leipziger Kneipen eher seine Freiheit zu finden. Das Kostgeld streicht der Wirt ein. Die Frau beginnt, darüber böse zu werden. Im Grunde war die Ehe hier gescheitert. Nur auf dem Papier blieb sie noch bestehen.

Jonas blieb in den Kneipen. Als er das Bier nicht mehr bezahlen konnte, kam ein Wirt, der von seinen Fiedelkünsten wußte, auf die Idee, er solle doch zur Unterhaltung der Gäste seine Zeche abgeigen. Damit begann die bescheidene Karriere von Jonas, dem Geiger. Es gelang ihm, vornehm gekleidet und gewandt mit einem gewissen Augenausdruck aufzutreten. Er spielte sich von Jahrmärkten und Kneipen weg bis in kleine Unterhaltungskreise, Familienfeste und Leipziger Gasthausgärten, wo reiche Kaufleute mit ihren Familien einkehrten. Das Publikum war anspruchslos und hörte nicht so genau hin, wenn ein Ton danebenging. Sein

Anblick gefiel den Frauen und solchen, die sich anschickten, welche zu werden. Besonders Witwen fühlten sich durch seine Blicke geschmeichelt. Auch diejenigen, die in ihrer Ehe nichts Erregendes mehr vorfanden, seufzten leise. Sie sorgten dafür, daß der schöne Geiger zu irgendwelchen Anlässen zu ihnen ins Haus kam und spielte.

Das alles blieb Jonas nicht verborgen. Es gefiel ihm, schmachtende Blicke auszuwerfen wie Lassos. Da vergaß er wenigstens das ständig jammernde und klagende Weib zu Hause. Einmal dann durfte er einer sehnsüchtigen Witwe bis in ihr Schlafgemach hinterhergeigen, und sie belohnte ihn mit klingenden Münzen, wie sich das für ein ordentliches Ständchen gehörte. Als Unterpfand dafür, daß er wiederkomme, gab sie ihm sogar eine entsprechende Anzahlung.

Es ist demnach nicht Jonas gewesen, der auf diese Idee kam, nein, andere verhalfen ihm zu tollen Erkenntnissen. Wurde das älteste Gewerbe der Welt bisher von Dirnen betrieben, so stellte er das auf den Kopf und betrieb es selber. Den späteren gewaltigen Protesten jener großen Menge Leipziger Damen nach zu urteilen, mußte seine Leistungsfähigkeit enorm gewesen sein.

Viel von seiner Anschafferei wird Jonas nicht zu Hause abgeliefert haben. Das meiste ging bestimmt für die Pflege seines Äußeren – heute hieße das, für ein gewinnbringendes Outfit – und die Kneipenkosten drauf. Obendrein gehörten seine Kundinnen nicht zur wohlhabendsten Schicht. Manchmal blieb es sicherlich nur bei einer niedrigen Anzahlung, wenn er nicht den Erwartungen entsprach. Dann gab es Krach.

Das war am 9. Januar 1789 der Fall. Die Dame, der er sich untergelegt hatte, war nicht zufrieden mit seiner diesmaligen Dienstleistung. Das entsprechende Salär blieb aus. Er kannte sie schon länger durch einige Vertragshandlungen und vermutete eine sehr gute Zahlungsfähigkeit. Deshalb forderte er energisch seine Entlohnung. Der Wortwechsel eskalierte ins Unberechenbare. Plötzlich zog er einen Strick aus der Rocktasche, warf ihn ihr um den Hals und zog ihn, immer auf ihr Einlenken hoffend, enger. Sie aber konnte nur noch laut um Hilfe schreien. Da nahm er ein Messer und stach es ihr solange in den Leib, bis sie still war. Natürlich hörte man in der Umgebung den Tumult. Außerdem war Jonas im Vertuschen so mittelmäßig wie er geigte. Er wurde kurz darauf verhaftet und ins Leipziger Georgenhaus am Brühl gebracht.

Die Nachricht von der Tat verbreitete sich in Windeseile. Vor dem Georgenhaus versammelte sich bald auf der Straße eine große Menschenmenge, vorwiegend Frauen, die gegen das angekündigte Todesurteil protestierten und verzückt zu dem Fenster hochstarrten, hinter dem sie den schönen Mörder vermuteten. Reichlich Wein und Schinken wurde für ihn an der Gefängnispforte abgeliefert. Er wird es wie eine verspätete Wiedergutmachung für ausgebliebene Zahlungen betrachtet haben. Jeden Tag wiederholten sich nun die Aufmärsche der Frauen und bewiesen, daß die Leipziger schon vor zweihundert Jahren Geduld bei Demonstrationen aufbrachten.

Es war ein seltsames Schauspiel: Oben hinter den Gitterfenstern die Verkörperung weiblicher Sehnsüchte, unten die öffentliche Äußerung von Frauen, die sonst ihre Gefühle nicht so frei zeigen durften.

Die Gerichtsbarkeit aber widersprach der Frauenforderung nach Begnadigung mit der berechtigten Begründung, daß auf Mord bisher immer die Todesstrafe gestanden habe, und da hätten sie doch auch nie protestiert. Die Richter kannten die weibliche Psyche nicht.

Die Wut der Frauen entlud sich nun gegen Jonas' Frau, die auf einmal häßlich war, ein keifendes Weib, und ein Mopsgesicht hatte. Sie sollte nun die Schuld am Mord tragen, und sie getraute sich nicht mehr, ihre Wohnung zu verlassen. Über die Ermordete fielen überhaupt keine Worte. Warum hatte sie auch nicht gezahlt? Dazu waren viele Frauen auf der Straße vor dem Georgenhaus bereit, wären sie nur in der Situation gewesen.

Am 20. August 1790 schritt Jonas auf dem Leipziger Marktplatz über einen Teppich gestreuter Blumen, den ihm seine Anbeterinnen bereitet hatten. Sie standen dichtgedrängt, und wohl kaum hat ein Mann je wieder eine solche Unzahl schmachtender Blicke auf einmal empfangen. Er hat sogar darüber ein bißchen eitel gewirkt, vornehm wie immer gekleidet. Er wußte, daß er die Hauptrolle in seinem wohl größten Schauspiel übernommen hatte. Wäre es möglich gewesen, so hätte er gegeigt und dabei wahrscheinlich das Kommende für eine Minute vergessen. Dem Scharfrichter schenkte er galant einen Strauß Blumen. Die Blumenverkäufer werden an diesem Tag ein enormes Geschäft gemacht haben.

Als das Schwert niederfuhr, stöhnten die Damen ein letztes Mal lustvoll und trugen ihre Träume endgültig zu Grabe.

*

### *An Bachs Wirkungsstätte*

Von 1723 bis 1750, seinem Todesjahr, war Johann Sebastian Bach Thomaskantor an der Leipziger Thomaskirche. Ihre Entstehung liegt im 12. Jahrhundert. Im 13. Jahrhundert wurde sie zur Stiftskirche der Augustiner Chorherren umgebaut und von 1482 bis 1496 die spätgotische Halle errichtet, die aus drei Schiffen besteht. Martin Luther predigte hier 1539 zur Einführung der Reformation. Wer es einrichten kann, sollte entweder freitags 18 Uhr oder sonnabends 15 Uhr den Gottesdienst besuchen. Dann singt dort der 1212 gegründete, inzwischen längst weltberühmte Thomanerchor zu den wöchentlichen Motetten. Im Chorraum findet der Besucher das seit 1950 angelegte Grab Johann Sebastian Bachs.

Ruhe und Besinnung strahlt auch das gesamte Umfeld der Kirche, der Thomaskirchhof mit dem Bach-Denkmal im großstädtischen Trubel aus.

Ganz in der Nähe der Thomasschule, welche sich auch in diesem Bereich befindet, hat das Bach-Museum in einem barocken Kaufmannshof sein Domizil. Wer mehr über Bachs Wirken zu seiner Leipziger Zeit wissen will, erfährt es hier.

Im hinteren Teil des Hofes hat Leipzigs dienstältestes Kabarett, die »Pfeffermühle«, seine kleine Bühne. Kabarett und Kleinkunst werden überhaupt in Leipzig groß geschrieben. Außer den genannten Pfeffermüllern unterhalten noch andere Ensembles in vielfältiger Art die Gäste, u. a. die »academixer«, »Sanft Wut«, »gohglmohsch«, das »Leipziger Brettl« oder »Die kleine Freiheit«.

## *Vor dem schwarzen Tor*

Im Frühjahr 1907 erschienen die ersten tausend Bücher der »Jugenderinnerungen eines alten Mannes«, des Malers Wilhelm von Kügelgen. Kügelgen war Hofmaler des Herzogs Alexius Friedrich Christian von Anhalt-Bernburg, und blieb es auch nach dessen baldigem Tode bei Herzog Alexander Karl in Ballenstedt. Neun Monate arbeitete er in St. Petersburg an den Kartons zu den Fresken für die Isaakskirche. 1853 konnte er die Malerei nicht mehr ausüben, da ihn sein Brotherr, der Herzog, als Kammerherrn gänzlich in tägliche Dienste stellte.

In den »Jugenderinnerungen« finden sich viele freundliche Passagen über seinen Vater Gerhard von Kügelgen. Der war ein zu seiner Zeit bekannter Porträtmaler und Professor an der Königlichen Kunstakademie. In Dresdens Neustadt bewohnte er eine ganze Etage im Gottessegen-Haus. Bei Loschwitz besaß er einen Weinberg und war eben im Begriff, das alte Winzerhaus dort in ein lichthelles Atelier umbauen zu lassen.

Am 27. März 1820 begann die Gräfin Eberhardine zu Stolberg-Wernigerode bei ihm Porträt zu sitzen, und er muß sich in besonders gehobener Laune befunden haben. Wilhelm von Kügelgen schreibt, jene Gräfin »versicherte nachgehends, seine Unterhaltung sei gewesen wie Psalmen und Lobgesänge und daß es ihr dabei zu Sinne gewesen wie in der Kirche«. Nach der Arbeit kam er gegen Abend in das Zimmer seines Sohnes Wilhelm, lobte – was sehr selten geschah – dessen Zeichnung am Moses und sagte, er wolle ihn deshalb in seiner Arbeit nicht stören, sonst hätte er ihn gern mit nach Loschwitz genommen, wo er heute Abend noch sehen möchte, wie die Arbeit vorangeht. Wilhelm von Kügelgen wäre mitgegangen. Aber an diesem Abend probte die Singakademie im alten Rathaus an der Pirnaischen Gasse Haydns »Die sieben Worte«. Er hatte die Absicht, dabeizusein, und so ließ er den Vater allein gehen. Als er zu später Stunde wieder heimkehrte und dem Vater berichten wollte, fand er ihn nicht im Haus vor. Er machte sich Sorgen und lief ihm in der hellen Mondnacht bis zum Weinberg entgegen. Aber dort schliefen schon alle. Der Winzer des Vaters bestätigte ihm, daß jener hiergewesen, aber schon vor sieben Uhr wieder gegangen sei.

Auf dem Rückweg fragte Wilhelm von Kügelgen bei den Wirtsleuten auf Findleaders und dem Linkeschen Bade nach. Keiner hatte den Vater gesehen. Die Nacht verlief in namenloser Angst.

Kügelgen schreibt in seinen »Jugenderinnerungen«: »Am anderen Morgen in aller Frühe meldete ich den Fall auf der Polizei an.

Man gab mir Polizeidiener und Hunde mit, die Gegend abzusuchen. Am Linkeschen Bade verteilten wir uns zu beiden Seiten der Chaussee; die Hunde revidierten vor und zwischen uns. Auf halbem Wege zum Waldschlößchen stand plötzlich der mir zunächst laufende Hund.

Ich sprang herzu: da lag mein Vater mit dem Gesicht auf nackter Erde, erschlagen und entkleidet in einer Ackerfurche. Über mich aber und die Meinigen ›ging der Grimm des Höchsten, und seine Schrecken drückten uns, sie umgaben uns wie Wasser und umringten uns miteinander‹. Und hiermit mag ein Schleier auf mein weiteres Ergehen fallen.« Mit diesen Worten enden die »Jugenderinnerungen«, als sei mit dem Tod des Vaters auch die Jugend des Sohnes für immer dahin.

Während die Angehörigen vor Schreck und Schmerz zu keiner Handlung fähig waren, begann die Polizei mit der Suche nach den Mördern. Da war zunächst ein Fall, welcher ein Vierteljahr zurücklag. Damals, am 29. Dezember 1819, fand ein Fuhrmann, es war ebenfalls eine mondhelle Nacht, auf der von Dresden nach Großenhain führenden Straße in der Nähe des Gasthofes »Zum wilden Mann« den Tischlergesellen Gottlob Leberecht Winter ermordet und eines Teiles seiner Kleidung beraubt. Die 1000 Taler Belohnung auf die Ergreifung des Mörders konnten nie vergeben werden, denn es meldete sich kein eventueller Zeuge.

Die Morde an Winter und Gerhard von Kügelgen ähnelten einander.

Demnach mußte es sich um denselben Täter handeln, der hier in der Nähe ansässig war oder immer wieder hierherkam. Die Polizei verhaftete einige verdächtige Personen, mußte sie aber wieder laufenlassen, da sie keine Beweise erarbeiten konnte. Dann fanden spielende Kinder den Mantel des erschlagenen Gerhard von Kügelgen.

Sie hatten ihn unter Steinen versteckt vor dem schwarzen Tor entdeckt. Vermutlich wagte es der Raubmörder nicht, den großen, schwer zu verbergenden Mantel durch das Tor in die Stadt zu schleppen. Wahrscheinlich wollte er bei einer günstigeren Gelegenheit das Kleidungsstück holen. Nun hätte die Polizei den

Mantel einfach liegenlassen und warten können, bis der Täter in die Falle ging. Das tat sie aber nicht. Sie ließ im »Dresdner Anzeiger« eine Liste der dem Ermordeten geraubten Sachen veröffentlichen. Am 4. April 1820 legten jüdische Kaufleute dem Untersuchungsrichter die Uhr Gerhard von Kügelgens vor. Sie hatten diese von einem Unterkanonier namens Fischer gekauft. Er wurde verhaftet.

Als es zur Gegenüberstellung kam, zögerten die Kaufleute und erkannten schließlich in ihm nicht den Verkäufer wieder. Also mußte der wirkliche Mörder Fischers Namen nur benutzt haben. Verwirrung jedoch trat ein, als Fischer am 19. April zu Protokoll gab, er hätte Winter wie auch Gerhard von Kügelgen ermordet. War es nun so, daß der Verkäufer der Uhr Fischers Namen nannte, um der Polizei auf die Spur des tatsächlichen Mörders zu verhelfen? Das Maß war voll, als am 24. April ein anderer jüdischer Kaufmann aus Dresden mitteilte, er habe den Oberrock des erschlagenen Professors von einem Unterkanonier Kaltofen gekauft. Auch Kaltofen wurde verhaftet. So stand die Polizei vor der Aufgabe, in einem von ihnen oder gar beiden den beziehungsweise die Täter zu finden.

Des Kaufmanns Protokoll vom 24. April deutet darauf hin, Fischer ist der Doppelmörder: »Am 3. Februar 1820 habe ich von dem Unterkanonier Kaltofen einen stahlgrünen Oberrock und am 4. April einen dunkelblauen Oberrock nebst ein paar langen Beinkleidern gekauft, weil ich nun die von den Kleidungsstücken der beiden Ermordeten öffentlich angezeigten Merkmale an den erkauften Röcken wahrgenommen, so habe ich deshalb den Verkäufer zur Rede gestellt, dieser hat vorgegeben, daß er beide Röcke von dem verhafteten

Kanonier Fischer gekauft hat.« Somit war der Fall wohl endgültig geklärt. Da gab es aber in Dresden einen klugen Verteidiger, Dr. Eisenstuck, der sich des Unterkanoniers Fischer annahm. Fischer machte einen eingeschüchterten Eindruck auf ihn. Dr. Eisenstuck war ein in Justizangelegenheiten versierter Anwalt. Er kannte die Gesetze so gut, daß er wußte, wie sie auch von Beamten umgangen werden können. Seit 1770 gab es in Sachsen als Mittel zum Geständnis keine Folterungen mehr. Inoffiziell wurden sie aber nach dem Willen mancher Beamter doch noch angewendet. Im Falle des Unterkanoniers Fischer kam ihm der Verdacht, die ermittelnden Beamten hatten eines schnelleren Ergebnisses wegen gewaltsam nachgeholfen. Eisenstucks genaue Untersuchungen retteten Fischer vor dem Schafott. Er bekam Gelegenheit, sein Alibi nachzuweisen. So ergab es sich, daß er am Tage des Mordes an Gerhard von Kügelgen in der Kaserne auf seiner Stube gewesen war. Nun geriet also gezielt Kaltofen ins Kreuzfeuer der Verhöre.

Der Unterkanonier Kaltofen war Offiziersbursche. Er lebte etwas exklusiver als Fischer, nämlich nicht in der Kaserne, sondern in der Bodenkammer des Hauses seines Vorgesetzten. Die Polizei führte eine Untersuchung in derselben durch. Dabei kamen ein paar Schlüssel zu Tage, die nirgends paßten. Den Angehörigen Gerhard von Kügelgens vorgelegt, erkannten sie diese als zum Haus und zu den Räumen gehörend. Kaltofens Behauptung, die Schlüssel hätten in dem von Fischer gekauften Rock gesteckt, erwiesen sich als Lüge. Bei einer Gegenüberstellung der beiden beteuerte Fischer, er habe nie etwas an Kaltofen verkauft, und er fügte hinzu: »Ich werde nun nichts mehr sagen.« Die unverfrorenen Gemeinheiten Kaltofens machten ihn sprachlos.

Daran, daß noch zwei weitere Durchsuchungen der Bodenkammer stattfinden mußten, war zu erkennen, wie oberflächlich die Polizei bei der ersten gearbeitet hatte. Jetzt fand man das meiste der Winter und von Kügelgen geraubten Sachen. Bei der dritten Durchsuchung zerrten die Polizeidiener aus einem mit Schutt gefüllten Dachverschlag noch die Halstücher der Ermordeten hervor. Da gestand Kaltofen zumindest erst einmal den Verkauf von Kügelgens Uhr an die Händler ein, die ihn als Verkäufer derselben erkannt hatten.

Kaltofen war Spieler. Ob er nun aus Leidenschaft spielte oder deshalb, weil er nie Geld besaß, blieb seine Sache. Kommißdienst, Kartendrescherei, Glücksspiel, Frauen – das alles sah er bei den Angehörigen des königlich-sächsischen Offizierskorps. Die aber hatten einen besseren Sold und konnten sich das leisten. Er mußte dieses Manko durch andere Mittel ausgleichen, wenn er mithalten wollte. Er ging den Weg des Verbrechers und erkannte zu spät, wie falsch der war. Wie sonst konnte man bei den Vernehmungen seine Aussage deuten: »Ich habe zwar böse Beispiele vor mir gesehen, dennoch aber anders denken sollen.« Späte Erkenntnis eines Doppelmörders, der einem höheren Stand angehören wollte und nicht erkannte, daß die bösen Beispiele dort als galante Abenteuer galten.

Das falsche Geständnis des Unterkanoniers Fischer konnte also auf die Behandlung zurückgeführt werden, die er erlitten hatte. Er wurde von der Amtsfronfeste in das Rats-Stockhaus verlegt. Die Entlassung ließ auf sich warten. Kaltofen blieb in den Händen des Amtsfrones.

Am 12. September 1820 erhielt der Königlich-Sächsische Schöppenstuhl in Leipzig die Akten, welche bisher vorlagen, zum Endurteil. Währenddessen gärte im Kopf des Amtsfrons, der Fischer gewaltsam zum Geständnis gebracht hatte, die Eitelkeit eines Beamten, welcher Macht ausübt und nicht zugeben kann, daß er einen Fehler begangen hat. Er erfand folgende Geschichte, die er ganz sicher mit Kaltofen abgesprochen hatte: »Kaltofen habe ihm eröffnet, daß Fischer an beiden Mordthaten theilgenommen, was hierauf Kaltofen, der darüber am 6. Oktober vernommen wurde, bestätigte, und zugleich vorgab, er habe dieses bisher nur deswillen verschwiegen, weil er und Fischer sich gegenseitig verschworen hätten, einander nicht zu verrathen.« Als Ergebnis dessen wurden die Akten wieder von Leipzig nach Dresden zurückgebracht. Erneut befaßten sich die Justizbeamten mit der Untersuchung des Falles.

Fischer erschrak und beteuerte heftiger als je zuvor seine Unschuld. Dr. Eisenstuck schaltete sich wiederum ein, weil bei Anerkennung dieser Behauptung seiner Meinung nach ein Justizverbrechen in der Luft lag. Bei einem Mittäter konnte Kaltofen zumindest mit einem königlichen Gnadenerweis rechnen, also mit lebenslangem Kerker, der Amtsfron wenigstens zum Teil mit der Rehabilitierung seines ramponierten Ansehens. Jedoch erwies sich der nachgereichte Verdacht auf eine gemeinsame Täterschaft bald als absolut unwahr.

Am 4. Januar 1821 fiel das Urteil. Es war gegen Kaltofen »... wegen des von ihm begangenen und eingestandenen Raubmordes an G. L. Winter und an Gerhard von Kügelgen auf die Strafe des Rades erkannt worden, wonach sein Körper auf ein besonderes Rad zu legen und zu flechten sei«. Kaltofen reichte sein Gnadengesuch an den König ein. Er versteifte sich weiter auf die Lüge, nicht der alleinige Täter gewesen zu sein. Den Amtsfron im Rücken, hoffte er auf seine Chance. Die kam endlich auch, aber nur in der Milderung des Urteils dahin, daß er nicht durch das Rad, sondern das Schwert sterben sollte.

Unterkanonier Fischer erhielt nun seine Freiheit wieder. Bei seiner Verabschiedung aus der Armee wurde ihm bestätigt, »daß er sich während seiner 16jährigen Dienstzeit sowohl im Lande als im Felde, den Feldzügen 1813, 1814 und 1815 jederzeit gut und zur Zufriedenheit betragen hat«. Sein schlimmes Gegenteil, der Offiziersbursche Kaltofen, schwankte mehr als er ging am 11. Juli 1821 über den Dresdner Altmarkt zur Treppe, die auf das Schafott führte. Er sah sich ständig um.

Als warte er darauf, daß jetzt noch von irgendwoher ein Bote mit der Begnadigung käme. Er stammelte ständig von der Mittäterschaft Fischers, er brabbelte es mehr vor sich hin, ohne eigentlich zu wissen, was er da noch redete. Es war wie eine unbrauchbare Beschwörungsformel zur letzten Rettung. Es nützte ihm nichts. Einen dritten unschuldigen Menschen brauchte er nicht mehr auf sein Gewissen zu nehmen.

Als er oben auf dem Brettergerüst angekommen war, schwieg er. Er war nun ganz allein. Und er erkannte vielleicht in dieser Minute nichts als die eisige Wahrheit: die beiden Toten, die in jenen mondhellen Nächten durch seine Hand starben und vor ihm von dieser Welt gehen mußten.

*

## *Museum im Gottessegenhaus*

Innere Neustadt von Dresden, Hauptstraße 13 – das ist die Anschrift eines Hauses, an dessen Giebel zu lesen steht: »An Gottes Segen ist alles gelegen«. Im Volksmund heißt es deshalb kurz Gottessegenhaus. Es ist ein 1699 erbautes Bürgerhaus nahe der Dreikönigskirche. In ihm lebte von 1808 bis zu seinem tragischen Tod 1820 der Porträt- und Historienmaler Gerhard von Kügelgen mit seiner Familie im zweiten Obergeschoß. Gelehrte, Dichter, Musiker und selbstverständlich Maler kehrten hier als Freunde und Gäste der Familie zur anregenden Geselligkeit ein. Unter ihnen waren Carl Maria von Weber und – wo ist er nicht gewesen? – Johann Wolfgang von Goethe.

Die Wohnung der von Kügelgens ist auch jetzt noch zu besichtigen, denn in ihren Räumen befindet sich seit 1981 ein Kleinod – das Museum zur Dresdner Frühromantik. Der Besucher erhält einen Einblick in das Dresdner Kultur- und Geistesleben vom zu Ende gehenden 18. bis ca. Mitte des 19. Jahrhunderts. Gemälde von Anton Graff sind zu sehen, und die literarisch-philosophische Zeit der Romantik um 1800 bis hin zu Malerei und Musik wird sichtbar. Tieck, Novalis, die Brüder Schlegel, Heinrich von Kleist werden hier ebenso geehrt wie Caspar David Friedrich, Runge, Clarus oder E.T.A. Hoffmann, Robert Schumann und Richard Wagner.

Das kleine Museum ist nur Montag und Dienstag geschlossen, sonst aber von 10 bis 18 Uhr geöffnet. Wer es besuchen und sich gleichzeitig noch einmal in die Lebensumwelt Gerhard von Kügelgens versetzen will, sollte vorher auch einen Blick die Straße entlang auf die

Nachbarhäuser werfen, die von 1714 bis 1720 erbaut wurden und einen wunderschönen barocken Gesamteindruck bieten.

## *Aber wenn ich ein Herr wär …*

Hat einer schon mit dreizehn Jahren beide Elternteile verloren und es ist kein naher Verwandter da, der ihn auffängt, kann es schlimm mit ihm kommen, und er stürzt, stürzt …

So erging es Johann Christian, einem 1780 in Leipzig geborenen Sohn des aus Polen stammenden Friseurs Woyzeck, der nun auch die Welt verlassen mußte. Zwar erbarmte sich ein Berufskollege des Verstorbenen, nahm das Waisenkind auf und brachte ihm das Frisieren bei, aber der Junge war durch das frühe Alleinsein nicht leicht zu führen. Sie vertrugen sich nicht, der Lehrmeister und der Lehrling. So lief Woyzeck davon und schloß seine Lehre bei einem anderen Friseur ab. Dann verschlugen ihn die Gesellenjahre über Wurzen nach Berlin, ja, bis nach Breslau. Sein Beruf hat ihm wenig genützt. Einen Gesellen wollte oder konnte keiner bezahlen.

Nach heutigem Ermessen war Woyzeck überqualifiziert. Umschulungskurse, vom Arbeitsamt vermittelt, hätten ihn vielleicht ein Jahr weiter und über die kritische Situation gebracht, sofern derlei betrübliche Einrichtungen schon vorhanden gewesen wären. Damals jedoch reichte es gerade für ein paar Brosamen als Diener Adliger. Dies tat er mehr schlecht als recht; und er wußte beizeiten, daß Demut noch am wenigsten Kummer bringt. Er dachte häufiger an seine Eltern. Es kam ihm wie ein fernes Gefühl vor, sie mußten wohl einst eine Familie gewesen sein. Nach solch einer sehnte er sich, nach Wärme und Geborgenheit, und er wollte sich nun selbst eine schaffen. Aber das ausgerechnet zu jenem Zeitpunkt, als bei Jena und Auerstedt 1806 die Kanonen donnerten! Die meistausgeübte Tätigkeit war nicht das Haareschneiden, sondern das Töten.

Wie Woyzeck in die Füsilieruniform der holländischen Armee geriet, ist unbekannt. Die Holländer dienten Napoleon. Der kämpfte gegen die Schweden. Die Schweden fingen Woyzeck. Er zog ihre Uniform an und mit ihnen gegen die Russen. In Stralsund geriet er in französische Gefangenschaft. Ein Wunder, daß ihn nicht sein ehemaliges holländisches Füsilierbataillon aufgriff. So wäre das Ringelspiel vollendet gewesen. Aber die Franzosen hatten keinen Platz für Gefangene. So verdingte er sich bald bei den zum Rheinbund gehörenden mecklenburgischen Soldaten. Als es wieder gegen Rußland gehen sollte, floh er zu seinen alten Bekannten, den Schweden. Die mußten im Zuge der Aufteilung nach den Befreiungskriegen Pommern an Preußen abtreten.

Ob er wollte oder nicht: Nun war Woyzeck von 1815 bis 1819 preußischer Soldat. Bei solchem Umhertreiben ließ sich keine Familie gründen. Und es entstand erst gar nicht ein Gefühl, für sein Leben zu sorgen und zu planen. Er hatte zwar in Stralsund ein Mädchen geliebt und war Vater geworden, jedoch die zerrütteten deutschen Verhältnisse und die Staatenspalterei ließen sie zusammen nicht kommen. 1819 kehrte Woyzeck nach Leipzig zurück, verbittert und gehetzt durch politische Willkür, ein unfreier, soziale Sicherheit suchender Mann. Zum Scherefühlen war er kaum noch fähig, und die Leipziger Ratsherren wollten keinen Stadtsoldaten, der eben noch ein Preuße gewesen war. Eigentlich stand er mit vierzig Jahren nun im besten Mannesalter.

Wie sich das Stralsunder Mädchen mit dem unehelichen Kind in einer Welt fadenscheiniger Bürgermoral durchschlagen mußte, darüber wurde nie berichtet, weil es über Woyzeck später ganz anderes zu berichten geben sollte.

In Leipzig besorgte ihm die Tochter seines ehemaligen Friseurlehrmeisters ein Zimmer und bezahlte die Miete. Sie war Witwe und hieß Woost und hatte eine Schwäche für Männer vom Schlage Woyzecks. Der bis dahin heimatlose Soldat empfand diese Obhut als die ersehnte Wärme. Es schien aufwärts zu gehen. In Dessau erhielt er eine Anstellung als Krankenpfleger bei einem Kaufmann.

Aber woher sollte einer, der es gelernt hatte, andere schnell aus dem Leben zu bringen, nun die Fähigkeit besitzen, welche am Leben zu erhalten? Er kehrte bald nach Leipzig zur Friseurstochter zurück. Sie brachte ihn bei ihrer Schwiegermutter unter, da in ihrer Wohnung zeitweise für ihn kein Platz war. Das lief ganz gut an: Woyzeck und Woost. Doch das Leben einer Witwe ist nicht auf Rosen gebettet. Um nun auch noch Woyzeck ein bißchen unterstützen zu können, verstärkte sie ihr Bemühen, Männern seines Schlages in gewisser Weise einnehmend entgegenzukommen, genauer, mehr entgegenzuliegen. Wie sollte sie denn sonst leben in einer kalten Welt und nur auf sich gestellt? Aber Woyzeck wollte sie für sich allein. Sie klemmten zwischen ihrer Liebe und einer aus der Not geborenen nüchternen Vernunft wie zwischen einer Schraubzwinge, die unbarmherzig immer enger preßte. Als er wieder einmal einen anderen von ihr gehen sah, drehte er durch.

Er verprügelte sie so brutal, als stände er noch uniformiert auf dem Schlachtfeld. Daraufhin schmiß ihn die entsetzte Schwiegermutter der Woost aus der Wohnung. Mit dem Geld seiner Geliebten begann er zu spielen, zu trinken, zu verlieren. Seine Unterkunft wechselte er immer häufiger. Sobald ein Vermieter bemerkte, welch unsicherer Gast da bei ihm hauste, jagte er ihn wieder auf die Straße. Genauso verfuhren die, bei denen er als Bote oder Träger seine Existenz zu behalten versuchte. Um seine Geliebte nur für sich haben zu können, hätte er in der Lage sein müssen, nicht nur den eigenen, sondern auch ihren Lebensunterhalt abzusichern. Aber er war abhängig von ihr, und abhängig war er jetzt auch vom Alkohol. Er klammerte sich an das bißchen vermeintliche Wärme. Er gehörte ihr, und sie liebte ihn wohl auch auf ihre Weise, wie hätte sie ihm sonst das Geld gegeben, welches sie von anderen bekam? Doch er bemerkte gar nicht, wie er mit seiner hilflosen Forderung, sie solle nur ihm gehören, zu einem lächerlichen Individuum herabsank. Er hielt sie nur durch die Androhung von Gewalt. Woyzeck stürzte, stürzte ...

Am 3. Juni 1821 muß sie ihm auf dem Heimweg zu ihrer Wohnung in der Sandgasse gesagt haben, wie lächerlich er geworden war. Woyzeck erkannte sich. Verzweifelt und voller Angst, daß sie ihn vollends von sich stieße, verlor er den Verstand. In einem Zeitungsbericht war damals folgendes zu lesen: »... und in dieser unseligen Stimmung vollbrachte er die beschlossene Mordthat mit sieben Stichen mittels des schon genannten Werkzeuges, von welchen Wunden die eine dergestalt gefährlich war, daß der Tod der Unglücklichen unmittelbar darauf erfolgte.« Erst jetzt wurde offiziell erkannt, daß sie eine Unglückliche war.

Mit dem »Werkzeug« meinte der Reporter eine abgebrochene Degenklinge, die Woyzeck am Tage vorher hatte mit einem Schaft versehen lassen. Daraus schlossen die Richter später, er habe vorsätzlich gehandelt. Woyzeck floh mit Selbstmordabsichten in Richtung Roßplatz. Bevor er solche aber ausführen konnte, wurde er gefaßt.

Er gestand sofort. Bezeichnend war seine Bemerkung: »Gott gebe nur, daß sie tot ist, sie hat es um mich verdient.« Dies sprach von einem verzweifelten Zustand der Selbstbemitleidung und dem letzten Versuch, ein bißchen Selbstwert zu erhalten.

Zwei Jahre lang dauerte danach in Fachblättern und Zeitungen der Streit, ob Woyzeck nun verwirrt oder klar im Kopf gewesen war.

Ihm hat das nichts genützt. Am 27. August 1824 bestieg er als letzter, der in Leipzigs Innenstadt enthauptet wurde, das Schafott auf dem Marktplatz. Eine unübersehbare Menschenmenge gaffte hinauf und erschauerte, als sein Kopf in den Korb fiel.

Sein Leben war dahin. Aber Jahre später erstand es literarisch wieder in Georg Büchners unvollendetem Schauspiel »Woyzeck«, allerdings ziemlich frei abgewandelt. Büchner erhob den Fall ins Philosophische, indem er das Scheitern des einzelnen an sozial unmöglichen deutschen Zuständen zu einer Anklage erhob. Mit Woyzeck kam zum ersten Mal im deutschen Drama einer aus dem Stand der Ärmsten der Armen zu Wort: »Ja, Herr Hauptmann, die Tugend, ich hab's noch nicht so aus. Sehn Sie, wir gemeine Leut, das hat keine Tugend, es kommt einem nur so die Natur; aber wenn ich ein Herr wär und hätt einen Hut und eine Uhr und eine Anglaise und könnt vornehm reden, ich wollt schon tugendhaft sein. Es muß was Schönes sein um die Tugend, Herr Hauptmann. Aber ich bin ein armer Kerl.«

*

## *Die ganze Welt im kleinen*

Ein Stadtbummel durch das Zentrum von Leipzig ohne Ziel muß nicht ziellos sein. Den Bereich des Marktes und des Sachsenplatzes zieren historische Hausfassaden, meistens barocke Bürgerhäuser. Manche haben ihren prägenden Namen erhalten: Königshaus, Fregehaus, Romanushaus, Alte Waage, Barthels Hof, Alte Handelsbörse ... Leipzig besitzt zwei markante Rathäuser – das alte und das neue Rathaus. Das neue graue sieht aus wie das alte und das alte mit den prächtigen hellen Renaissancegiebelfassaden und dem Bogengang wie das neue. Es steht am Markt, auf dem einst die Hinrichtungen stattfanden. In der Nähe befindet sich die wohl schönste Einkaufs-Passage Leipzigs, die Mädler Passage. Dazu gehört »Auerbachs Keller«, der durch Goethes »Faust« und den sagenhaften Faßritt berühmt wurde. »Thüringer Hof«, »Kaffeebaum«, »Ratskeller« sind nur drei historische Einkehrmöglichkeiten von vielen anderen, in denen sich sächsische Küche vorzüglich beweist.

Im nördlichen Teil der Innenstadt steht die älteste Kirche Leipzigs, die Nikolaikirche von 1175, welche fünf Baustile in sich vereint, den der Romanik, Gotik, Renaissance, des Barock und Klassizismus. Sie kann noch eine Novität jüngeren Jahrgangs aufweisen: Hier fanden im November 1989 die Friedensgebete statt.

Im Zentrum und unweit desselben gibt es genügend grüne Oasen zum Ausruhen: Südöstlich an der Johannisallee den Botanischen Garten, westlich den Johannapark und den Clara-Zetkin-Park, der an die Elster grenzt, im Nordwesten das Rosental, von dem aus schon ein Stück des sehr zu empfehlenden Zoologischen Gartens erkennbar ist.

Lessing beschrieb Leipzig als »einen Ort, wo man die ganze Welt im kleinen sehen kann«. Auch heute noch gibt es für einen Touristen in dieser aufstrebenden Großstadt keinen besseren Rat.

## *Für ein paar zinnerne Teller*

Sophie Margarethe Heidrich bewohnte als Witwe ein bescheidenes Häuschen im vogtländischen Schönberg bei Mühltroff. In der Nacht vom 20. zum 21. Januar 1852 schlichen zwei Männer frierend um die vier Wände und fanden schließlich einen Fensterladen, der sich bequem aufbrechen ließ. Sie horchten eine Weile in das Innere des Hauses, ob ihr Tun bemerkt würde. Als alles still blieb, schlugen sie so geschickt die Scheibe entzwei, daß es kaum klirrte. Dann stiegen sie leise ein. Der eine, Kelz aus Kornbach, trug einen Strick um die Taille geschlungen, den er eigentlich sonst für höhere Ziele gebrauchte. Hier aber handelte es sich um das Parterre.

Über die Witwe Heidrich hatten sich die beiden vorher kundig gemacht. Es gab keine Kinder. Demnach mußte sich das, was sie hätte an Geld vererben können, reichlich unter ihrem Dach befinden. Im Wohnzimmer zogen die Einbrecher alle Fächer heraus, stülpten Krüge, Vasen und Gläser um. Der eine, Schmidt aus Pausa, sprengte die Bodentür auf und begann, nachdem er nicht fündig wurde, immer gereizter in Kästen und einer Truhe zu wühlen. Es mußte doch etwas vorhanden sein! Schließlich kam Kelz auf die Idee, daß solche Weiber ihr Vermögen unter dem Kopfkissen des Bettes verbargen.

Ohne sich noch um besondere Vorsicht zu bemühen, drangen sie in das bald ausgemachte Schlafzimmer ein. Dort fuhr die einsame Frau mit den Worten »Ach,

Gott!« aus dem Schlaf hoch und begann angesichts der Männer zu schreien. Der fast sechzigjährige Kelz riß sich den Strick vom Leib und warf ihn dem halb so alten Schmidt mit der Bemerkung zu: »Mach das Geschrei alle.« Ohne zu zögern erdrosselte Schmidt die Frau.

Nun hatten sie Zeit. Aber sie fanden nicht das, was sie wollten, so sehr sie auch das Haus auf den Kopf stellten. Schließlich ließen sie ein paar zinnerne Teller und Schüsseln, Hemden und neue Säcke mitgehen und zogen fluchend davon.

Nachbarn fanden schon am nächsten Morgen die erdrosselte Frau noch mit dem Strick um den Hals und verständigten die Polizei.

Diese arbeitete schnell. Am selben Tag stöberte sie Kelz im heimatlichen Kornbach mit den gestohlenen Zinntellern auf. Schmidt konnte sich eine Woche lang in der Nähe von Elsterberg verstecken und wurde dann ebenfalls verhaftet. Er war am geständigsten, gab den Mord zu, betonte aber immer wieder, daß ihm Kelz den Strick hingeworfen und ihn dazu veranlaßt habe.

Kelz war ein Arbeiter, der, wenn er Arbeit bekam, gelegentlich überall zur Hand ging. Er galt als geübter Einbrecher, hatte schon Gefängnis, Arbeits- und Zuchthaus hinter sich. Schmidt, der Strumpfwirker, war dem Erfahrenen hörig und bisher nicht vorbestraft. Der Mord an Margarthe Heidrich geschah nicht ganz zufällig. Vielmehr hatte sich der Zorn beider Männer über die mißlungene Aktion auf diese Weise brutal entladen.

Das Königliche Appellationsgericht in Zwickau wie auch das Königliche Oberappellationsgericht in Dresden sprachen deshalb ohne langes Zögern die Todesstrafe für beide aus. Sie hatten kaltblütig einer wehrlosen Frau das Leben genommen, also waren auch sie nicht mehr wert, am Leben zu bleiben. Ihr Gnadengesuch, die Todesstrafe in eine Freiheitsstrafe umzuwandeln, wurde vom König persönlich abgelehnt. Der Tod sollte durch das Fallschwert erfolgen. Als Hinrichtungstag legten beide Gerichte nach Abschluß der Ermittlungen den 15. April 1853 fest. Der Hinrichtungsplatz war unweit des Bärensteines und oberhalb der Rußhütte bei Plauen. In allen Zeitungen und amtlichen Bekanntmachungen wurde die Bevölkerung über dieses kommende Ereignis wie über ein Volksfest informiert.

An jenem Tag begann das Leben schon vor Morgengrauen auf den Straßen Plauens. Von überallher kamen die Vogtländer zu Fuß oder mit Pferd und Wagen in die Stadt. Sechs Grad Kälte zeigten die Thermometer nach einer klaren Nacht. Aber bald stieg eine gleißende Sonne am wolkenlosen Himmel hoch, brachte Wärme und beinahe eine Feststimmung. Denn viele, die sich lange nicht gesehen hatten, trafen sich nun wieder und schwatzten eine Weile angeregt miteinander. Um den Richtplatz bildete die anmarschierende Menschenmasse ein Karree. Laut »Voigtländischem Anzeiger« sollen es 25 000 Menschen gewesen sein, und die Kavallerie hatte alle Mühe, Ordnung zu halten. Gar zu gern hätten die Zuschauer das in der Mitte aufgebaute Schafott aus der Nähe besichtigt.

Die Kommunalgarde Plauens war im totalen Einsatz. Sie bewachte die Auf- und Zugänge zur Eisenbahn und andere wichtige Gebäude.

25 000 Menschen, über die sich heute jeder Fußballclub freuen würde, erinnerten wohl zu sehr noch an die Ereignisse um 1848, die erst fünf Jahre zurücklagen.

Kurz nach acht Uhr setzte sich der Zug mit den

Todeskandidaten von der neuen Fronfeste aus in Bewegung. Der Pferdewagen, auf dem sie saßen, wurde von einer militärischen Eskorte umringt.

Zwei Schimmel zogen ihn, und eine Plane schützte die Gefangenen vor den Blicken der Menschen. Die Fahrt wird ihnen endlos vorgekommen sein, denn etwa erst gegen halb zehn Uhr trafen sie auf dem Richtplatz ein. Vorher schon geriet die Menschenmenge in leichte Unruhe, als der Justizamtmann Beyer, die Geistlichen Archidiakonus Fiedler und Stadtdiakonus Schweinitz eingetroffen waren. Gerichtsdiener hoben die beiden Raubmörder aus dem Planwagen und setzten sie auf bereitstehende Stühle. Die Menge starrte in ihre bleichen Gesichter, die sie über ihre gefalteten Hände gesenkt hielten. Mehr benommen und wohl auch ihrer Mentalität gemäß stumpfsinnig ließen sie die Vorbereitungen um sich herum geschehen. Keine Schreie, kein Aufbegehren.

Nein, der Tod konnte banal sein. Nur Justizamtmann Beyer fiel aus der Rolle, als er die oberhalb des Schafotts errichtete Estrade bestieg und eine theatralische Rede an das Volk hielt, in der er sich nicht scheute, von einem zwar schrecklichen, aber doch feierlichen Augenblick zu sprechen. Breit schilderte er noch einmal den Mord und nur kurz die Lebensverhältnisse der beiden Männer, die zu sehr das allgemeine sozial-gesellschaftliche Klima erhellt hätten. Daß eigentlich Schmidt der Mörder und Kelz der Anstifter gewesen war, unterließ er zu sagen. Weil ihn die Sonne angenehm wärmte, konnte er deshalb um so leichter über die Köpfe der Zuschauer hinweg mit gehobener Stimme rufen, daß sie nun nur noch wenige Minuten auf die Verurteilten herabscheinen werde.

Dann forderte er den Nachrichter auf, gut zu richten, was auch immer dieses »gut« bedeuten sollte.

Als erster wurde Kelz von den Gehilfen ergriffen und auf das Schafott geführt. Schmidt brachten die Gerichtsdiener in eine daneben befindliche Holzbude. Alles ging dann für das Publikum viel zu schnell. Die Entkleidung von Kelz' Oberkörper geschah rasch.

Der Delinquent wurde an den aufrecht stehenden Block befestigt.

Dann kippte dieser plötzlich nach vorn in die Maschine, und das Fallschwert schlug herunter. Die Masse stöhnte teils erschrocken, teils bewundernd angesichts der Technik und verfolgte dann schweigend, wie der Tote ganz entkleidet und in eine Holzkiste gelegt wurde. Helfer reinigten die Maschine und brachten sie wieder in die alte Stellung. Manche der Zuschauer waren froh, daß es zwei Hinrichtungen gab und sie den zweiten Vorgang nun besser beobachten konnten, vor allem, wie der Kopf von Schmidt in die mit Sägespänen gefüllte Kiste fiel. Danach stand die Masse und starrte, als müsse noch irgend etwas geschehen. Dann wandten sich die ersten schweigend ab, einige vielleicht auch darunter mit dem unbehaglichen Gefühl, daß sie eigentlich hier gar nichts zu suchen hatten.

Der »Voigtländische Anzeiger« vom 16. April 1853 erinnerte noch einmal an die traurige Begebenheit, indem er sich mit erhobenem Zeigefinger an die Augenzeugen und die Nichtbeteiligten wandte: »... Möge sie als eine ernste und warnende Stimme an alle Herzen dringen und jedem, der in Gefahr steht, auf der Bahn der Tugend zu straucheln und in die Schlingen des Lasters zu fallen, eine ernste Warnung sein, damit wir niemals wieder Veranlassung haben, unserem Publikum eine so traurige Begebenheit mittheilen zu müssen. Wir schließen mit dem Ausrufe, der gewiß von allen christlichen und frommen Seelen getheilt wird: Gott sei den armen Sündern gnädig!«

*

## *Vogtländische Kultur und Lebensweise*

Die Plauener Häuser der Nobelstraße 9, 11 und 13 aus der zweiten Hälfte des 18. Jahrhunderts gehörten einst reichen Baumwollwarenhändlern. So sind die klassizistischen Fassaden und die zum Teil prächtige Innenraumgestaltung der bestens geeignete Platz für das Vogtlandmuseum Plauen geworden. Wer vogtländische Kultur und Lebensweise der Vergangenheit, aber auch des Erzgebirges, des übrigen Sachsens und der anderen deutschen Ländereien kennenlernen möchte, der sollte nicht achtlos an diesen Häusern vorbeigehen. 90 000 Exponate umfassen die Sammlungen. Von kostbaren Möbelstücken, kunstreichen Schlosserarbeiten, Meißner Porzellan, Waffen bis hin zu bäuerlichem Hausgerät reicht das Angebot. Interessanten Einblick erhält der Besucher in eine Zinngießerwerkstatt. Zum Beispiel sind Schachfiguren vom Beginn des 19. Jahrhunderts zu sehen.

Selbstverständlich gibt es auch hier im Museum ein Plauener-Spitzen-Zimmer. Eine Besonderheit im Ensemble der alten Möbel stellt der süddeutsche Kabinettschrank von 1594 dar, und in den Bauernstuben lebt beim Anblick der vielen Details der dörfliche Alltag von einst im Vogtland wieder auf. Reizvoll für Liebhaber der bildnerischen Darstellung ist die Abteilung »Vogtländische Malerei«. Hier hängt ein Bildnis des weit über die vogtländischen Grenzen hinaus bekanntgewordenen Dichters Julius Mosen, der auch noch an anderer Stelle des Museums gewürdigt wird. Mosen ging besonders mit seinen volkstümlichen »Polen-Liedern« und dem »Andreas-Hofer-Lied« in die deutsche Literaturgeschichte ein. Ein Besuch des Vogtlandmuseums Plauen lohnt also auf vielfältige Weise. Es ist dienstags bis freitags von 9 bis 12.30 Uhr und 13.30 bis 16.30 Uhr und sonntags von 10 bis 16 Uhr geöffnet.

## *Schroth, der Räuber*

1846 verlor Christian Friedrich Schroth aus Großrückerswalde im Alter von sechs Jahren seine Mutter. Den Vater hatte er ebenfalls nicht mehr. Der starb im Zuchthaus. Keine Streicheleinheiten von der Mutter. Keine Gespräche, gewissermaßen von Mann zu Mann, die ein Sohn mit seinem Vater braucht. Zumindest in damaliger Zeit.

Heute tauchen die meisten Jugendlichen nur vorübergehend in ihren Familien oder in der Schule auf, um dann gleich wieder in der sogenannten Freiheit, also unter ihresgleichen abzutauchen oder mittels ihrer Kopfhörer in ferne kreischende Musikwelten zu verschwinden. Doch mit dem Beurteilen der Zeiten sollte man vorsichtig sein. Die Tat des Schroth beweist es. Sein Vater hätte ihm, solange er noch lebte, von seinen Erfahrungen im Zuchthaus erzählen sollen, und er hätte ihn warnen können. Es gab aber niemanden, der sich intensiver um den jungen Schroth kümmerte. Keine Verwandten nahmen ihn in ihre Obhut. Kein reicher kinderfreundlicher Onkel finanzierte dem Waisenknaben die Wege in ein rechtschaffenes bürgerliches Leben. So trieb er allmählich ab in Gefühlsarmut.

Es begann mit kleinen Delikten gegen die Sittlichkeit, mit Diebstählen, um durch das Leben zu kommen, und schließlich verlegte er sich darauf, andere Leute zu seinem eigenen Vorteil zu betrügen.

Das reihte sich alles fast folgerichtig aneinander, bis

zum Widerstand gegen die Polizei. Schroth kam ebenfalls ins Zuchthaus, und das nicht nur einmal.

1886, mit sechsundvierzig Jahren, verbüßte er am 24. Juli seine letzte Zuchthausstrafe. Was tat er, um von der schiefen Bahn wegzukommen? Wer einmal aus dem Blechnapf frißt ..., heißt es bei Fallada, und diese Feststellung zieht die Erkenntnis nach sich, der wird immer wieder vor solch einem Napf sitzen, sofern es der Gesellschaft gleichgültig oder zu aufwendig ist, sich um einen einzelnen Gestrauchelten zu sorgen.

Und Schroth selber? Statt über Möglichkeiten seiner Lebensverbesserung nachzudenken, tüftelte er sich eine neue schlimme Geschichte aus.

Er wußte von einem Fuhrunternehmer namens Naumann aus Frohburg.

Der besaß einige Pferde und mußte demnach nicht ganz arm sein. Ihn suchte Schroth am 31. Juli 1886, wenige Tage nach seiner Entlassung aus dem Zuchthaus, auf und gab sich als Monteur aus. Er bestellte eine Fahrt nach Chemnitz, wo er eine Turbine für die Mühle in Zedtlitz abholen müsse.

Naumann wäre besser beraten gewesen, er hätte Schroth nicht getraut und erst einmal Erkundigungen eingeholt, ob tatsächlich in der Zedtlitzer Mühle eine Turbine benötigt wurde. So aber bespannte er einen dementsprechend kompakten Kastenwagen mit drei kräftigen Pferden und fuhr noch am Abend mit Schroth in Richtung Chemnitz los. Sie werden sich auf der Fahrt angeregt unterhalten haben, denn bestimmt versuchte Schroth alles, um seinen Begleiter in eine vertrauliche Stimmung zu bringen.

Naumann war ein stattlicher, muskulöser Kerl, eben ein Fuhrmann, der zupacken konnte. Schroth musterte dessen derbe Hände, betrachtete den kräftigen Nacken und die massive Art des Mannes, sich zu bewegen. Den konnte keiner so leicht umstoßen. Auf alle Fälle war es nicht ratsam, ihm gegenüberzustehen. An der Straße von Penig nach Chemnitz wartete er deshalb auf eine günstige Gelegenheit, um hinter Naumann zu kommen. So muß es gewesen sein.

Jedenfalls wurde Naumann in den Morgenstunden des 1. August mit einer Radehacke hinterrücks erschlagen auf dieser Straße gefunden. Die Radehacke hatte der Täter nicht einmal beiseite geschafft.

Schroth fuhr nach der Tat im scharfen Trab von der Stelle fort nach Chemnitz. Dort im Gasthof »Stern« spannte er aus, verhandelte mit Interessenten und verkaufte schließlich eines der drei Pferde für dreißig Mark. Es spricht für seine Kaltblütigkeit, daß er bis zu Mittag die verbliebenen Pferde gut futtern ließ und selber tüchtig von dem erworbenen Geld »einhaute«. Das geraubte Geld Naumanns steckte lose in seiner Tasche, die leere Geldbörse wurde bei dem Toten gefunden. Schroth gab sich nicht einmal die Mühe, sie zu verstecken. Dann kutschierte er seelenruhig nach Zschopau weiter. Es ist unerklärlich, was er sich dabei dachte. Offenbar gar nichts. Er hatte keine Skrupel. Konnte er sich nicht denken, daß nach dem verschwundenen Pferdegespann gesucht werden würde? Sah er nicht, daß sich an seiner Kleidung noch frische Blutspuren von Naumann befanden.

Natürlich war die Polizei nicht untätig. Sie ließ alle Verkehrsstraßen nach Chemnitz absuchen, stieß auf das verkaufte Pferd und fand auch bald den weiteren Weg des Gespanns nach Zschopau. Dort wurde Schroth noch am Abend des 1. August verhaftet. Die Beweise waren eindeutig. Aber Schroth leugnete hartnäckig. Er wirkte sehr sicher. Hätte sich nicht das Blut an seiner Kleidung befunden und das Fuhrwerk als das des Fuhrunternehmers Naumann erwiesen, wären die Geschworenen unsicher geworden.

So aber wurde Schroth wegen Raubmordes zum Tode und zum Verlust aller Ehrenrechte verurteilt. Er bat den Sachsenkönig um Begnadigung. Der aber lehnte ohne Zögern die Bitte ab, und damit blieb Recht auch Recht.

Nach der Urteilsverkündung zeigte sich Schroth weiter unzugänglich. Er war zu keiner Gefühlsregung fähig, wirkte anmaßend und stieß die Justizbeamten durch sein kaltes Wesen ab. Noch bis kurz vor seinem Tod zeigte er keine Reue und soll gesagt haben: »Herr Oberstaatsanwalt, Sie tun mir Unrecht.« – Das war sonderbar. Vielleicht glaubte er, als Ausgestoßener auf offener Straße einfach andere Menschen erschlagen und ausrauben zu können. Denn die Tat wurde ihm ja eindeutig nachgewiesen.

Hingerichtet wurde Schroth fast ein halbes Jahr später, am 19. Januar 1887, durch das Fallbeil in einem Hof des Chemnitzer Justizpalastes. Während der Hinrichtung waren außer dem Oberstaatsanwalt auch der Bürgermeister von Chemnitz und einige Offiziere als Zeugen dabei.

Die Leiche Schroths wurde nach Leipzig zu wissenschaftlichen Forschungszwecken in die Anatomie gebracht, wo er wahrscheinlich das einzige Mal zu etwas Gutem für die Gesellschaft beitrug.

*

## *Ein gastliches Wasserschloß*

Nicht allzuweit von Chemnitz entfernt, südlich in Richtung Ehrenfriedersdorf, liegt das Wasserschloß Klaffenbach. Es ist per Auto günstig über die B 95 zu erreichen. Das romantische Würschnitztal, welches das Schloß umgibt, verlockt den Besucher außerdem zu Wanderungen. Das Renaissance-Wasserschloß wurde 1616 so erbaut, wie es heute noch zu sehen ist. Lehnsherr des Schlosses war der Livländer Freiherr Dietrich von Taube. Erst 1934 wurde das Schloß Eigentum der Gemeinde Klaffenbach. Bis 1945 benutzte es der Arbeitsdienst als Lager und bis zum Ende der DDR war es ein Jugendwerkhof. Die Restauration des Wasserschlosses begann 1992, und 1995 konnte sie abgeschlossen werden. Seitdem ist das Wasserschloß als »Haus des Gastes« für Besichtigungen geöffnet. Die einstige Prächtigkeit zeigt sich wieder in vielfältiger Weise. Ein kleines Museum hat ständig wechselnde Ausstellungen z. B. der Malerei, Kunst, des Handwerks, der Schnitzerei oder alter Bauernmöbel. Im Schloßhof zeigen mehr als 70 Hersteller sächsischen Fahrzeugbau der vergangenen Jahrzehnte. Im Schloß selbst gibt es eine kleine Kapelle, den grünen Salon, Salon am Turm, Salon Parkblick und einen Bürgersaal mit Kleinkunstbühne.

Natürlich ist im Schloß auch an das leibliche Wohl der Gäste gedacht. Nach der Besichtigung oder einer Wanderung im Würschnitztal bietet das »Schloßhotel« im historischen Flair von Restaurant, Bar, Schloßcafé mit Terrasse bis hin zur Gastwirtschaft »Torwache« alles, was Herz, Augen und Magen erfreut.

# *Tödliche Ernte*

Die Getreidefelder leuchteten reif in der Sommersonne des 7. August 1898, als ein Mann namens Hommel aus Sörnewitz bei Oschatz durch die Feldwege auf das Dorf Eulitz zulief. Das kleine Dorf lag zwischen Riesa und Nossen.

Hommel brach eine Ähre, strich gegen die Grannen und sah zufrieden, wie die braunen Körner trocken in seine Hand sprangen. Die Ernte stand unmittelbar bevor. Es hätte schon mit dem Teufel zugehen müssen, wenn er dort in dem Dorf keine Arbeit für die Saison finden sollte. Er ging nicht gleich in den ersten besten Bauernhof, sondern suchte sich ein Gehöft aus, das in baulich guter Verfassung war, also einem reichen Bauern gehörte, der ihm guten Lohn zahlen konnte.

Als er an einem dementsprechenden Gut klopfte, wurde er zum Besitzer Louis Lehmann geführt. Lehmann maß Hommel mit schnellen Blicken von unten nach oben: Vom Alter her brauchbar, die Arme verrieten Kraft, zäher Wuchs. Der Mann könnte an einem Tag reichlichen Nutzen bringen. Hommel maß Lehmann ebenfalls, erkannte dessen Taxieren und wußte, daß er sich nicht getäuscht hatte. Er stand einem reichen Bauern gegenüber, der es gewohnt war, ohne Widerspruch zu bestimmen.

»Vier Wochen nehm ich dich«, sagte Lehmann. »Wenn du gut arbeitest, gibt es auch Geld.« Von ihm ging etwas Unangenehmes aus. Schon die Art, gleich zu duzen und die Äußerung »nehm ich dich« bereiteten Hommel Unbehagen.

Aber nur vier Wochen, dann war er wieder frei. Und Geld brauchte er dringend, um wenigstens von der Hand in den Mund leben zu können.

Lehmann nannten sie im Dorf hinter vorgehaltener Hand den wilden Lehmann, weil er ein leicht reizbarer Typ war, ein schnell bereiter Streithammel und ein Bauer von ausgeprägter Schläue. Er galt als »vaterländisch gesinnter Mann«, was immer das auch sein sollte.

Als reichlich vierzehn Tage vergangen waren, befand sich Lehmanns Ernte fast unter dem Scheunendach. Nun hätte er Hommel laut Arbeitsvertrag noch vierzehn Tage bezahlen müssen. Er rechnete nach und fand, daß er bei irgendeiner Tätigkeit Hommels im Hof nur immer auf ein Verlustgeschäft kam. So suchte er am 23. August einen Anlaß, Hommel loszuwerden. Er ertappte ihn auf dem Feld bei einer kurzen Verschnaufpause und fuhr ihn an: »Solche faulen Lumpen können bei mir sofort ihrer Wege gehen. Hau ab!« Hommel merkte an der derben Art, daß hier für ihn nicht gut Kirschen essen war. Er hatte ohnehin keine Macht und wehrte sich zumindest mit Worten gegen die Art und Weise der Behandlung. Aber er war einverstanden, gehen zu müssen und verlangte seinen versprochenen Lohn. Er hatte sich redlich abgerackert, nur noch ein unbedeutender Rest der Fläche stand auf dem Halm.

Lehmanns Gesicht verdüsterte sich. Da muckte einer gegen ihn auf, ein hergelaufener Habenichts. Er sagte Hommel, den Lohn in voller Höhe könne er ihm nicht zahlen, er müsse davon abziehen, weil er ja nun nicht die ganze Zeit gearbeitet hätte.

Hommel verlor angesichts der drohenden Not durch das Ausbleiben des erhofften Geldes seine Scheu und erwiderte Lehmann, er habe ein Recht auf vollen Lohn, da ja, wie er sehen könnte, die Ernte fast eingebracht ist.

Lehmann lief zornrot an. »Ach so ist das! Merk dir's: Hier kriegst du keinen Pfifferling. Deinen Lohn kannst du auf dem Amt abholen.« Von hier an begann Hommels Kampf um sein kleines Recht auf Lohnzahlung. Er lief zum Gemeindevorstand und schilderte seine Lage. Dort glaubten sie ihm, jedoch kannten sie Lehmann und wußten, daß sie in Zukunft nicht mit Hommel, sondern mit ihm zusammenleben mußten. So rieten sie Hommel, es doch noch einmal im guten zu versuchen. Mit ihm zu Lehmann gingen sie nicht.

Hommel fühlte sich alleingelassen. Kein Geld in der Tasche, stand er ratlos auf der Dorfstraße und überlegte, was nun zu tun sei. Da Lehmann vom Amt geredet hatte, pilgerte er nach Lommatzsch zum Amtsgericht und erzählte erneut getreulich, wie mit ihm in Eulitz verfahren wurde. Was er nun an Ratschlägen hörte, war nur die Wiederholung aus dem Gemeindevorstand. Er solle noch einmal zum Gutsbesitzer Lehmann gehen. Vielleicht habe der längst seine Meinung geändert. Kommt Zeit, kommt Rat ...

Aber Hommel wußte keinen Rat mehr. Er hatte alle Ämter durch und seinen Fall vorgetragen. Keiner sagte ihm, daß er im Unrecht wäre. So machte er sich noch einmal auf den Weg nach Eulitz, um sein Recht einzufordern. Er wußte auch nicht, wo er zur Nacht bleiben sollte und besaß kein Geld, um sich etwas zum Essen kaufen zu können. Abends gegen sieben Uhr kam er in Lehmanns Gutshof an.

Der Bauer legte im Pferdestall Streu aus.

Hommels Herz schlug ihm vor Erregung bis zum Hals, doch er blieb betont ruhig. Er erzählte Lehmann, daß er im Gemeindevorstand und im Amtsgericht Lommatzsch gewesen war.

Lehmann unterbrach seine Arbeit nicht. Er nahm nur gereizt zur Kenntnis, da gab einer immer noch nicht Ruhe. Der Gemeindevorstand und das Amtsgericht konnten ihm nicht das Wasser reichen.

Er war Lehmann, und er blieb bei seiner Haltung. »Nur übers Amt geht dein Lohn. Hier erhältst du nichts!« Hommel beschrieb nun fast flehend seinen gegenwärtigen Armutszustand. Die Not ließ ihn lauter werden, als es Lehmann von seinen Knechten gewohnt war. Der hielt in der Arbeit endlich inne, stellte sich drohend vor Hommel auf und brüllte: »Weißt du was, du kriegst jetzt gar nichts!« Hommel wich keinen Schritt zurück. Er hatte nichts mehr zu verlieren. »Ich gehe erst, wenn ich mein Geld habe«, sagte er ruhig, »dann gehe ich von ganz allein.« Lehmann verlor seine ohnehin schon geringe Beherrschung. Er holte mit der Mistgabel aus und traf Hommel mit dem Gabelstiel auf Auge und Nase. Der wehrte sich instinktiv. Er griff nach der Gabel und versuchte sie, Lehmann zu entreißen. Das gelang gegen den rabiaten Lehmann nicht. Der war durch die Gegenwehr Hommels so aufgebracht, daß er einen Schritt zurücktrat, die Gabel nun mit den Zinken wendete und damit voller Wucht nach dem Kopf Hommels stieß. Die Zinken drangen in Hommels Kopf bis ins Gehirn ein. Er fiel gegen die Stallwand, hielt sich dort Halt suchend fest, taumelte ins Freie und schlug dann der Länge nach hin. Zwei Tage später starb er, dem nicht mehr zu helfen war, in einem Hospital.

Am 28. Januar 1899 wurde Louis Lehmann durch das Dresdner Schwurgericht der vorsätzlichen Tötung Hommels angeklagt. Hommel war noch so bei Kräften gewesen, daß er vor seinem Tod die Geschehnisse im Pferdestall schildern konnte. Es gab auch Zeugen, denen er auf seinem Weg zu Lehmann an jenem 23. August von seiner Situation berichtet hatte, und es gab auch ärztliche Gutachten.

Aber Lehmann flüchtete sich in hahnebüchene Lügen. Er behauptete, Hommel sei als Angreifer zu ihm in den Pferdestall gestürmt, und er habe keine andere Möglichkeit mehr gesehen, als sich mit der Mistgabel zu wehren. Da auch dies dem Gericht nicht überzeugend war, machte er Hommel zu einem Betrunkenen, der sich auf ihn gestürzt hätte und von ganz allein in die Gabelzinken gerannt wäre.

Alle Zeugen, die Hommel auf seinem Weg zu Lehmann begegneten, sagten unter Eid aus, er sei nicht betrunken gewesen. Die gerichtsärztlichen Sachverständigen Medizinalrat Dr. Donau und Gruner aus Dresden wiesen eindeutig nach, daß die Gabelzinken vier bis sechs Millimeter tief in den Schädelknochen Hommels eingedrungen waren. Solch eine Tiefe hätte nie entstehen können, wäre Hommel nur hineingelaufen.

Der Erntearbeiter Zeuge Kühn erklärte vor Gericht, Lehmann habe sich ihm gegenüber nach der Tat noch groß getan.

Inzwischen versuchten Lehmanns Verwandte Hommels Herkunft, die Lehmann bisher egal gewesen war, auszuforschen. Schließlich sagte er vor der Untersuchungsbehörde, Hommel und Kühn wären Sozialdemokraten, und die wären sich einig, von den Brotgebern mehr Lohn zu fordern als sie dafür leisteten. In solcher Art sei Hommel gegen ihn aufgetreten. Er schlug sich mit dieser Behauptung selbst, denn es stellte sich heraus, daß Hommel und Kühn gar nicht der Sozialdemokratischen Partei angehörten.

Zusätzlich fand sich noch ein Zeuge, der eine Äußerung Lehmanns zu Protokoll gab: »Ich hätte nicht gedacht, daß sich Hommel gleich fortmacht. Hätte ich ihm nur lieber die paar Dreier gegeben.« Lehmann schwieg zu diesen und anderen Aussagen. Offenbar war er informiert, daß ihm sein Schweigen nur dienlich sein konnte.

Die Staatsanwaltschaft plädierte auf vorsätzliche Tötung, der Verteidiger bat um Milde, blieb aber den Nachweis für eine solche Bitte schuldig.

Um so verblüffender war dann die Entscheidung: »Im Namen des Königs wird der Angeklagte Louis Lehmann, Gutsbesitzer in Eulitz, wegen fahrlässiger Tötung des Arbeiters Hommel zu zwei Jahren Gefängnis verurteilt.« Kein Gemeindevorstand und Amtsgericht wurden wegen indifferenter Haltungen oder unterlassener Hilfe belangt. Es war ganz offensichtlich ein willkürlich herbeigeführtes Urteil. Im Deutschen Reichstag griffen die sozialdemokratischen Reichstagsabgeordneten Dr. Gradnauer und Singer das skandalöse Urteil an. Daran ändern konnten sie nichts.

Nach zwei Jahren kehrte Lehmann auf sein Gut zurück, um zu schalten und zu walten wie üblich. Der Makel, einen Menschen getötet zu haben, blieb aber.

*

Nossen, in dessen Nähe das Dorf Eulitz anzutreffen ist, hat ein Schloß, daß 1185 erstmals als Ritterburg genannt wird. Mitte des 16. und im 17. Jahrhundert erfolgte der Umbau zum Schloß. Die Renaissancepfarrkirche von 1565 besitzt zwei prächtige Portale des 13. Jahrhunderts aus dem Kloster Altzella.

In unmittelbarer Nähe der Stadt liegt der Klosterpark Altzella mit den Ruinen des ehemaligen Zisterzienserklosters. Mit 17 Hektar Fläche handelt es sich hier um die größte Klosteranlage in Sachsen. Die Einbeziehung der Klosterruinen in die Parkanlage erzeugt einen besonders romantischen Reiz auf die Besucher. 1175 weihten ein Abt und zwölf Mönche das Kloster ein, 1540 erfolgte die Aufhebung des Klosters im Zuge der Reformation, 1543 übernahm die Leipziger Universität die umfangreiche Bibliothek. Das Kloster war von 1190 bis 1381 Begräbnisstätte der Wettiner. Dafür war das sich im Park befindliche Mausoleum gedacht. Der Bau blieb jedoch unvollendet. Außer sehenswerten Details wie Schlußsteine, Kapitellen und Bogengängen, welche an den Glanz des einstigen Klosters erinnern, ist das Konversenhaus – das Haus für die Laienbrüder – zu besichtigen. Ab 1990 fanden hier umfangreiche Sanierungsarbeiten statt. Grabsteine des ehemaligen Stifters des Klosters Markgraf Otto und seiner Familie sind im klassizistischen Mausoleum aufgestellt.

Das Haus der Laienbrüder (Konversenhaus) ist von April bis Oktober dienstags bis freitags von 9 bis 17 Uhr und am Wochenende von 10 bis 18 Uhr geöffnet. Führungen gibt es nach Voranmeldung über das Schloß Nossen.

## *Das Verhältnis*

Bog man im Jahre 1906 in die Leipziger Göschenstraße ein, so stieß man bald auf ein Haus, das zum Namen der Straße paßte. In dem Haus befand sich zur Miete der kleine Verlag des Buchhändlers Artur G.

Georg Joachim Göschen gründete 1785 in Leipzig einen Verlag, der durch seine wissenschaftlichen Werke (Sammlung Göschen) bekannt wurde.

Artur G. brachte es nicht so weit. Er war noch jung, dreiundzwanzig Jahre alt. In solchem Alter sieht man nicht nur in die Bücher, sondern versucht sich auch so am Tage beweglich zu halten und unterwegs zu sein. In so einem Zustand braucht der Haushalt Unterstützung. Also lernte er die ebenfalls dreiundzwanzigjährige Minna D. kennen und stellte sie bald als seine Haushälterin ein.

Sie war nicht unansehnlich und hatte auch nicht das Wesen einer Nonne. Im Gegenteil, sie interessierte sich sehr für die weltlichen verlegerischen Pläne des Hausherrn. Deshalb wurde aus der Haushälterin zusätzlich noch eine Geschäftsgehilfin. Man kam sich auf vielfältige Weise näher, so daß Artur G. nach nicht allzu langer Zeit die freudige Veranlassung hatte, ein zweites Bett neben seines zu stellen. Sie erlebten eine schöne Zeit als Verliebte.

Leicht ging ihr die Säuberung der Zimmer von der Hand, flink half sie ihm auch bei seinen buchhändlerisch-verlegerischen Arbeiten.

Die wurden dann regelmäßig unterbrochen, wenn sie sich allzu nahe kamen. Dies war so schlecht nicht, bis dann G. in die Rolle eines gewohnheitsmäßigen Ehemannes verfiel, der auf seine Rechte pochte. Die Haushälterin und Geschäftsgehilfin Minna D. erinnerte ihn aber daran, daß er nicht mit ihr verheiratet war, und weigerte sich, Dienerin zu sein. Eine gewisse gegenseitige Gereiztheit trat ein. Vor den Augen der Kunden und Geschäftspartner vollzog sich das gemeinsame Leben von Eheleuten. Hinter den Kulissen aber zogen und zerrten sich beide an den Haaren. Er war höchst unzufrieden, weil nichts so lief, wie er es sich zusammengedacht hatte. Hinausschmeißen konnte er sie auch nicht – der Haushalt, das Geschäft und immer wieder die Versöhnung. Sie konnte nicht weg, sie war von ihm ökonomisch abhängig und befürchtete, ohne Einkommen unterzugehen.

Artur G. begann jetzt öfters eine nahe Kneipe aufzusuchen und sich zu betrinken. Hinzugekommen war, daß die Geschäfte nicht so günstig liefen. Torkelte er in die Wohnung, machte sie ihm Vorhaltungen. Nun erinnerte er sie daran, daß er nicht mit ihr verheiratet war. Sie widersprach ihm trotzdem. Da schlug er sie, sie schlug zurück. Das wurde zur Regelmäßigkeit, und die Liebe, die zeitweilig noch aufflackerte, starb schließlich.

Minna D. lernte durch die geschäftlichen Verbindungen den Buchdrucker Walter Sch. kennen. Bei einem anderen Verhältnis mit Artur G. wäre sie Walter Sch. vielleicht nicht so leicht zugeneigt gewesen. So aber ging alles viel schneller, und sie war nun eine Frau mit zwei Verhältnissen, die das schlimmere damit anscheinend besser ertrug.

Seit Mitte November des Jahres 1907 sahen die Kunden immer nur Minna D. im Geschäft. Ihr Mann sei verreist, erwiderte sie auf Fragen, er müsse sich verstärkt um Aufträge kümmern, die schlechten Zeiten, ach ja, die schlechten Zeiten.

Allmählich aber wurden Zahlungen fällig, die von ihr nicht getätigt werden konnten. Sogar der Gerichtsvollzieher kam, um einige Möbel zu pfänden. Am heftigsten jedoch gebärdete sich der Hausbesitzer, als er seine Miete nicht bekam. Am 11. Januar 1908 suchte er deshalb in Begleitung eines Schutzmannes die Geschäftsräume auf.

Nun erklärte Minna D. konkreter, daß ihr Mann schon länger krank sei und sich in Wien zur Behandlung bei einem Spezialarzt befände. Aus möglicherweise geschäftsschmälernden Gründen habe sie dies bisher verheimlicht. Sie stieß auf Ungläubigkeit, konnte aber beide erst einmal beschwichtigen.

Als die Männer gegangen waren, tat sie jedoch etwas Seltsames: Sie sprang aus einem unteren Fenster und rannte davon. Zuerst lag die Vermutung nahe, daß sich Artur G. irgendwo in der Gegend versteckt hielt, vielleicht, weil er glaubte, sich so seinen Gläubigern entziehen zu können, und sie suchte ihn nun auf, um ihn über das Geschehen zu informieren. Aber sie kehrte nicht wieder in die Geschäftsräume zurück und machte sich deshalb in höchstem Maße verdächtig. Vermutlich war sie mit Artur G. geflohen.

Zwei Tage später, am 13. Januar, durchsuchte der Gerichtsvollzieher erneut, diesmal in Begleitung von Polizisten, die Verlags- und Wohnräume. Als sie das Schlafzimmer betraten, fanden sie in einem Bett bestens umwickelt und verschnürt den Leichnam eines Mannes, der bald als der Buchhändler Artur G. identifiziert wurde. Die Art und Weise der Vertuschung deutete ohne Zweifel auf ein Verbrechen hin. Wo war die Minna D. abgeblieben? Am Tag der Entdeckung des toten Buchhändlers meldete sich der Buchdrucker Walter Sch. bei der Polizei und beteuerte, er habe nichts mit dem Verbrechen zu tun. Auf die Frage, weshalb er ein Verbrechen vermute, verhedderte er sich kurz, bemerkte aber dann, die Mitteilung der Polizei hätte ihn auf die Idee gebracht. Wo sich seine Geliebte befand, wußte er nicht.

Die eingeleitete Fahndung der Polizei hatte am 14. Januar Erfolg.

Minna D. wurde im Bahnhof von Halle festgenommen, als sie im Begriff war, Richtung Norden zu fliehen. Nach Leipzig zurückgebracht, gab sie dort in kurzer Zeit den Mord an Artur G. zu. Das brachte dem Buchhändler Walter Sch. die sofortige Entlassung aus der Untersuchungshaft.

Der Tatbestand war nun folgender: In der Nacht vom 9. zum 10. November 1907 hatte Artur G. wieder ein paar Gläser über den Durst getrunken. Er brach förmlich in die Wohnung ein. Es gab die üblichen Wortgefechte. Artur G. packte Minna D. und begann sie systematisch zu quälen. Er schlug sie und fügte ihr schmerzhafte Verrenkungen zu. Als er schließlich in seinem Suff einschlief, kam Minna D. ihre ganze hoffnungslose Lage in den Sinn, und sie verlor die Übersicht. Sie schloß alle Fenster und drehte den Gashahn bis zum Anschlag auf.

Sie habe in ihrer Verzweiflung mitsterben wollen, sagte sie. Dann aber sei sie wegen Übelkeit wieder aufgewacht.

»Wer mitsterben will, bleibt auch bei Übelkeit liegen«, widersprach ihr der Polizeikommissar. Außerdem wurde sie ob solcher Aussage medizinisch der Lüge überführt.

Minna D. legte ein umfassendes Geständnis ab. Ja, die ständigen Mißhandlungen hätten sie dazu getrieben. Außerdem hätte sie Walter Sch. geliebt und deshalb nicht mehr aus noch ein gewußt.

»Warum haben Sie sich dann nicht Walter Sch. anvertraut?« fragte der Polizeikommissar.

»Das habe ich«, erklärte Minna D., erschrak aber dann und verstrickte sich in Widersprüche. Nein, von der Absicht, Artur G. zu töten, habe sie ihm nichts mitgeteilt oder doch wohl einmal oder nicht.

Walter Sch. wurde erneut verhört. Bei dem Versuch, Minna D. zu schützen, rutschte er immer mehr in das Verbrechen hinein. Außerdem mußte er Aussagen von Zeugen, die ihn in der Nacht des Verbrechens bei Minna D. gesehen hatten, bestätigen.

Minna D. begann zu weinen, und die gesamte Tragik, die zu dem Mord führte, wurde sichtbar.

Dem Gericht fiel deshalb die Urteilsfindung schwer. Offensichtlich hatte die Gewalttätigkeit des Artur G. die Denkweise der Täterin außer Kontrolle gebracht. Um sich seinen Mißhandlungen für immer zu entziehen, hatte sie in einer Kurzschlußhandlung den Gashahn aufgedreht. Walter Sch. hatte sie darin bestärkt. Er wußte von dem Mord und half ihr auch, den Toten zu verpacken. Sie fanden nur noch keinen günstigen Moment, um ihn wegzubringen.

Dann verlor Minna D. nach dem Auftauchen der Polizei die Beherrschung und rannte einfach davon.

Die Ursachen, die zum Mord führten, ließen das Gericht von einer Todesstrafe absehen. Minna D. erhielt

14 Jahre Zuchthaus, und Walter Sch., der sie mehrmals zu der Tat gedrängt hatte, 10 Jahre.

Ob sie sich nach der Verbüßung wieder zusammengefunden haben und ein gemeinsames neues Leben begannen, ist nicht bekannt.

*

## *Leipzig – Stadt des Buches*

Nicht nur bei schlechtem Wetter sollten Besucher daran denken, daß Leipzig auch eine Stadt der Museen ist. Am Deutschen Platz in der Nähe des alten Messegeländes erinnert das »Deutsche Buch- und Schriftmuseum« an das Weiterbestehen der Buchstadt Leipzig trotz aller Schwierigkeiten. Es ist das älteste seiner Art in der Welt. Die Entstehung der Schrift oder eines Buches kann hier nachvollzogen werden. In der Nonnenstraße zeigen die »Werkstätten und das Museum für Druckkunst« die technische Seite der Entwicklung im graphischen Gewerbe zur Herstellung von Büchern und Drucksachen in ganz praktischer Art: Man kann dort zupacken und mitmachen. Die Geschichte Leipzigs, dargestellt in 60 Spezialsammlungen, befindet sich im »Stadtgeschichtlichen Museum« des alten Rathauses am Markt. Gleich drei Möglichkeiten bieten sich im Täubchenweg 2 nahe des Innenstadtringes: Das »Museum für Völkerkunde« zeigt an 190 000 Objekten die Kultur der Völker aller Kontinente, das »Museum für Kunsthandwerk« schöpferische Leistungen vom Mittelalter bis zur ersten Hälfte des 20. Jahrhunderts und das »Musikinstrumenten-Museum« das Können der Instrumentenbauer seit dem 16. Jahrhundert in Europa.

Auskünfte über weitere Einrichtungen erfährt der Museumsinteressierte durch den Leipziger Tourist Service. Er informiert die Gäste der Stadt am Sachsenplatz gleich in der Nähe des Brühls und des Hauptbahnhofs.

## *Ein Engel voller Liebe und Güte*

Dieser Fall bot den Liebhabern trivialer Kriminalstorys alles, was sie sich wünschen konnten: Eine Dreiecksgeschichte – zwei Männer und eine Frau. Aber was heißt hier eine Frau. Eine schöne, leidenschaftliche und zugleich kühle Frau, ein Mann, der ihre Liebe nicht verdiente und einer, der sie nicht bekam. Die Zutaten waren Haß, Untreue, Zyankali und Revolverkugeln. Das Melodram lag in der Luft. Die Presse weidete es zum Teil verklärend aus und trennte die Anteilnehmenden in Gegner oder Sympathisanten des Urteils. Vom Opfer wurde wie üblich nur am Rande als dem Verursacher der Tragödie gesprochen. Seichte literarische Machwerke entstanden und reflektierten das Geschehene in tränenreichen Versionen. Die realistischste, sich davon abhebende Leistung vollbrachte der Schriftsteller Günter Spranger in seinem Kriminalroman »Das Lügenspiel« und die schlimmste der Puppenspieldirektor Heinrich Apel mit seinem Stück »Grete Beier oder die Bürgermeisterstochter von Brand«. Th. Th. Heine zeichnete am 10. August 1908 im »Simplicissimus« unter dem Titel »Durchs dunkelste Deutschland. Die Hinrichtung der Grete Beier« eine Satire: Soeben ist der Kopf der Grete Beier gerollt. Jenseits der Gefängnismauer steht das gaffende Volk. Einer hebt sein robust blickendes Söhnchen empor und schreit: »Brafo! Brafissimo! Nochämal, nochämal! Der Gleene hier hat nischt gesähn!« ...

Vom Äußeren her und der Art, sich zu geben, nach war Grete Beier schon mit fünfzehn Jahren eine reife Dame. Aber sie reagierte noch kindhaft auf die Umwelt. Dazu trug auch ihre geringe Größe von 1,50 m bei.

Sie wirkte schon früh auf Männer. Solche Mädchen werden auch Lolitas genannt. Sie war erstaunlich klug und besaß ein ausgezeichnetes Gedächtnis. Las ihr die Großmutter Märchen vor, so konnte sie diese Wochen danach Wort für Wort mühelos aufsagen. Auch Sonntagspredigten in der Kirche behielt sie im Kopf.

Bis zum vierzehnten Lebensjahr wuchs sie bei der Großmutter auf. Erst nach deren Tod kehrte sie ins Elternhaus zurück. Zur Mutter fand sie keine Zuneigung, hing aber dafür um so mehr am Vater. Die Mutter gab sich keine Mühe, Liebe in ihrer Tochter zu erwecken. Sie galt als streitsüchtig und konnte geschickt Menschen gegeneinander aufbringen. Der Vater entstammte einer kinderreichen Bergmannsfamilie, besuchte die Freiberger Bergschule und diente anschließend in einem Jägerbataillon. Seine weiteren Stationen: Steiger in der Grube »Himmelsfürst« und danach Kassierer in der Stadtverwaltung von Brand. Er muß ein umsichtiger und beliebter Angestellter gewesen sein, denn als er sich 1898 als Bürgermeister bewarb, wurde er auch prompt gewählt. Nach dem Rückgang des Silberbergbaues gelang es ihm, eine vielseitige Industrie in Brand zu entwickeln.

Grete Beier wuchs also in gutbürgerlichen Verhältnissen auf, zu denen sich der Vater emporgearbeitet hatte. Ein solches Milieu verlangte von den Töchtern keine Berufswahl. Grete half im elterlichen Haushalt, befaßte sich mit Handarbeiten, spielte Klavier und las, wobei sie keine besondere Vorliebe für irgendeine Richtung zeigte. Schulliebeleien kannte sie nicht, auch Schulfreundinnen fanden sich keine. Oft wurde sie nur in Begleitung des zum Haushalt gehörenden Bernhardiners gesehen, wie sie mit ihm durch die angrenzenden Felder und Wälder streifte. Sogar nachts. Angst kannte sie nicht. Ihre Erinnerungsgabe machte sie reaktionsschnell. Das sollte später die Ermittlungen des Untersuchungsrichters enorm erschweren und hätte ihr beinahe das Leben gerettet. Bislang aber lebte sie wohlbehalten dahin mit der Zukunftsaussicht, irgendwann eine gute Partie zu werden.

1901 – während ihrer Freiberger Tanzstundenbesuche – verliebte sie sich in ihren Tanzstundenherrn. Daraus wurden aber erst nach drei Jahren intime Beziehungen. Über ihn äußerte sie, er sei treu und anhänglich, aber – und hier wird zum ersten Mal ihr komplizierter Charakter sichtbar – er wäre ihr zu dumm.

Am 25. Februar 1905 fand in Freiberg der Maskenball des Kaufmännischen Vereins statt. Dort lernte Grete Beier den Handlungsgehilfen Johannes Heinrich Merker kennen. Bereits neun Tage später verlobte sie sich Hals über Kopf heimlich mit ihm, hielt aber ihre Beziehung zu dem Tanzstundenherrn aufrecht.

Merker wurde allmählich zu ihrer großen Liebe. Bis zum Juli 1905 verlebte sie mit ihm »ein paar wunderschöne Wochen« und bezeichnete sie später als die schönste Zeit ihres Lebens. Merker jedoch sollte zu ihrem Verhängnis werden.

Dieser Merker war ein wendiges Früchtchen, ein Charmeur mit Taschenspielertricks. Allmählich hatte er bei seinem Arbeitgeber Dreß in Freiberg 2 315,05 Mark unterschlagen. Angesichts heutiger Unterschlagungen ist das überhaupt nicht der Rede wert. Damals aber war das sehr viel Geld. Als Grete Beier davon erfuhr, zeigte sie sich in keiner Weise schockiert. Im Gegenteil, sie redete auf ihren Vater ein, ihm zu helfen. Sie wußte, daß sie nur bei ihrem Vater Glück haben konnte. Der zahlte schließlich in Raten 1200 Mark an Merker. Den Rest sollte der selber abtragen. Natürlich wurde Merker von Dreß gefeuert. Auch hier sprang Grete Beiers Vater ein und vermittelte ihm eine Stelle bei der Saxoniahütte in Brand. Nun geschah aber etwas Unverhofftes: Merker sollte sich als Dank dafür von Grete Beier trennen und eine Art Bewährungszeit durchlaufen. Daraus wurde nichts. Das Paar liebte sich um so heftiger. Heimliche Treffpunkte fanden im Garten der Beiers statt, dann bei Merker und Grete Beier. Im Herbst 1905 stellte Grete aber bei Merker untreues Verhalten fest, und ihre Beziehung erkaltete. Sie lenkte sich durch den Besuch anderer Vergnügungen von ihrem Traurigsein ab. Am 25. Februar 1906 fand in Chemnitz ein Ingenieurball statt. Dort lernte sie den Oberingenieur Pressler kennen. Drei Wochen später verlobte sie sich. Es ist fast wie in den letzten Zeilen eines Liebesgedichtes von Heinrich Heine:

Das Mädchen heiratet aus Ärger
den ersten besten Mann,
der ihr über den Weg gelaufen.
Der Jüngling ist übel dran.

Grete Beier nahm sich den Pressler, um Merker zu zeigen, wie leicht sie darüber hinweggekommen war. Außerdem versprach Pressler eine ausgezeichnete Partie zu werden. Er war vierzehn Jahre älter als Grete Beier. Sein anständiges Verhalten und seine Arbeitsfreudigkeit wurden geschätzt. Allerdings wirkte er manchmal aufgrund seines Status' als Oberingenieur etwas rücksichtslos. Er galt in seinen Kreisen als wohlsituiert.

Nun traf dieser zuweilen herrische und rechthaberische Mann auf eine Frau, die es von Hause aus gewohnt war, nicht kommandiert zu werden. Presslers Dickköpfigkeit brachte sie auch bald in Widerspruch zu ihm. Die Eltern, welche zunächst gegen die schnelle Verlobung gewesen waren, hielten jetzt bei Streitfällen öfter zu Pressler. Die Mutter sah durch eine Heirat mit Pressler Wohlstand kommen und dadurch vielleicht auch bald Glück, das bisher fehlte. Als Grete Beier keine Einwilligung zeigte, drohte sie ihr, sie könne ruhig ihres Weges gehen, bekäme aber nichts mit. In dieser Situation fand Grete Beier wieder zu Merker, heftiger noch als je zuvor. Die heimlichen Treffen begannen erneut.

Ihre Eltern versuchten inzwischen alles, um das Verhältnis der Tochter zu Pressler wieder ins Lot zu bringen. Sie organisierten eine gemeinsame Rheinfahrt. Aber statt der erhofften Aussöhnung inszenierte Grete Beier noch weitere Streitigkeiten. Es kam nach der Reise zum endgültigen Bruch. Nur der Mutter Presslers, die in einem Brief für ihren Sohn um Verzeihung bat, gelang es, daß die Verlobung wenigstens offiziell erhalten blieb.

Grete Beiers Uneinsichtigkeit und Gereiztheit hatte einen triftigen Grund: Schon während der Rheinfahrt wußte sie, daß sie ein Kind erwartete. Den Vater kannte sie auch: Merker.

Am 25. September 1906 gestand sie ihren Eltern die Schwangerschaft. Die waren erschüttert. Dann schlug die Mutter etwas Ungeheuerliches vor: Grete solle Pressler als Vater angeben. Daran hatte Grete zuerst auch gedacht. Aber ihre Abneigung Pressler gegenüber war zu groß. Unterdessen hatte Pressler durch anonyme Briefe von dem Verhältnis Gretes zu Merker erfahren. Er schrieb ihr einen bitteren Brief und wandte sich auch an die Eltern. Grete hatte solche Beziehungen zu Merker abgestritten. Und die Mutter, die doch nun von der Schwangerschaft wußte, schrieb an Pressler: »Grete ist ganz außer sich über den Brief, den Du ihr geschrieben hast, besonders darüber, daß sie mit Merker intime Beziehungen unterhalten haben soll. Ich bin überzeugt, daß sie den Sinn dieser Worte gar nicht versteht, denn Du glaubst nicht, wie naiv und kindlich Gretel in dieser Beziehung noch ist.«

Am 13. November 1906 unternahm die kindlich-naive Gretel eine Schwangerschaftsunterbrechung. Das Unglück begann seinen Lauf zu nehmen. Erleichtert wurde der Weg zur Abtreibung durch Grete Beiers Tante, die Hebamme Kunze, die in Beiers Haus lebte. Seit dem Tod der Großmutter war sie zur engen Vertrauten von Grete geworden. Die Mutter kam für Grete ja nicht in Frage.

Die Kunze wußte von dem Verhältnis Gretes zu Merker, ja, sie hatte dieses sogar unterstützt. Merker arbeitete inzwischen in Dresden. Briefe und Telefonate liefen alle über die Kunze. Er benutzte dabei den Namen ihres Sohnes, damit die Eltern von Grete nichts davon erfuhren. Einmal ließ sie im Brief durchblicken, was mit Hilfe der Hebamme Kunze geschehen war. Merker wandte sich darauf an Gretes Vater und drohte mit einer Anzeige bei der Staatsanwaltschaft. Grete versuchte zu beschwichtigen und erklärte, die Unterbrechung sei durch einen Sturz auf der Treppe hervorgerufen worden. Sie verwickelte sich immer mehr in ein Netz von Lügen.

Als Merker nicht zu überzeugen war, erfand sie die Geschichte, daß Pressler durch ihre Mutter von der Schwangerschaft erfahren und ihr abtreibende Pulver aus Mailand besorgt habe. Wie sie auf Mailand kam, konnte nur der Teufel wissen. Merker versteifte sich darauf, die Mutter sei über die ganze Sache informiert. Er blieb bei seiner Drohung mit der Staatsanwaltschaft. Damit bekam die Angelegenheit unter dem Aspekt, daß Grete Beiers Vater Bürgermeister war und auf Abtreibung ein Jahr Zuchthaus stand, eine gefährliche Dimension. Der schlaue Merker wußte, was er da kaltblütig tat. Er wollte die Hochzeit mit Grete Beier erzwingen.

Grete Beier stand zwischen ihrem bedrohten Vater und Merker, den zu lieben sie nicht aufhören konnte. Der Reiz des Verbotenen und der Heimlichkeiten war groß. Sie trug sich mit Selbstmordgedanken und kaufte deshalb einen Revolver in Freiberg. Ob es ihr damit ernst war oder ob in ihrem gutbürgerlichen Wesen romantisch-theatralische Gedanken aufkamen, vielleicht durch dementsprechende schöngeistige Lektüre, bleibt ein Geheimnis.

Der Vater fand den Revolver und gab sich nicht solchen Erwägungen hin. Es fuhr ihm der Schrecken in die Glieder, weil ihm mit einemmal der Gefühlszustand seiner Tochter klar wurde. Jetzt war er einverstanden, daß sich Grete von Pressler entlobte, damit sie Merker heiraten konnte. Er verlangte aber von diesem, eine feste Stellung anzunehmen, die er nicht mehr hatte, und eine gewisse Probezeit für seine Treue zu Grete einzuhalten. Er meinte damit keinen Schriftwechsel und keine Begegnungen. Er schürte die Glut.

Denn am 30. November 1906 schrieb Grete an Merker: »Gesetze sind doch dazu da, um umgangen zu werden, und Liebe macht erfinderisch; wir schreiben und lieben uns wie zuvor, und das werden unsere Eltern nicht erfahren, dazu sind wir zu schlau.«

Was sich nun ereignete, hätte von keinem Krimiautor besser gestaltet werden können. Grete Beier war schlau, ja, sie war zu schlau und mußte deshalb ihre raffinierten Erfindungen immer wieder durch neue ersetzen. Sie wußte, sie bekam Merker nur, wenn er eine feste Anstellung hatte und dadurch die Gründung eines Haushaltes garantiert war. Merker, der Leichtfuß, lebte jedoch im großen Stil und überschuldet. So schnell konnte also nichts werden, das wußte sie auch. Pressler hingegen hatte als Oberingenieur eine sichere Position. Sie brauchte Zeit und spielte diesem deshalb eine nicht vorhandene Liebe vor. Die Tochter aus gutem Hause ohne berufliche Zukunft kannte keine anderen Spielregeln.

Aber Pressler ließ sich nicht weiter hinhalten und verlangte einen neuen, endgültigen Heiratstermin. Den gab sie ihm für April 1907, verzögerte dann bis Pfingsten. Sie hatte einen triftigen Grund: Der Vater war an Darm- und Leberkrebs erkrankt. Sicherlich fiel ihr die Entscheidung nicht leicht, aber schließlich entwickelte sie folgenden Plan: Durch eine Heirat kam sie an Presslers Vermögen und konnte somit nach und nach Merkers Schulden decken. Dann würde sie schon irgendwann einen Grund zur Scheidung finden.

So denken konnte nur eine Frau, die leidenschaftlich liebte und zugleich einen erschreckend kühlen Kopf bewahrte. Sie kannte deshalb auch ihren Merker, der mit einer solchen Zweckheirat trotz seines Leichtsinnes nicht einverstanden gewesen wäre. So kam sie auf eine wahnwitzige Geschichte, die als Ferroni-Briefe in die

Prozeßakten einging. Sie teilte am 13. März 1907 Merker mit, Pressler sei mit einer Italienerin namens Ferroni verheiratet.

Grete Beier mit ihrem Verlobten Pressler

Sie habe jene kennengelernt, und die Ferroni habe ihr geraten, Pressler zu heiraten. Dann wolle sie in Erscheinung treten und Pressler könne wegen Bigamie belangt werden. Zum Beweis all dessen legte sie zwei erfundene Briefe der Ferroni vor. Merker stellte am 19. März auf dem Chemnitzer Meldeamt Nachforschungen an; er wandte sich sogar nach Mailand, woher die Ferroni geschrieben hatte. Natürlich kam nichts dabei heraus, lediglich eine heftige Auseinandersetzung mit Grete Beier. Die konnte ihn aber wieder beruhigen, indem sie ihm sämtliche Liebesbriefe zurückgab, die er einst ihrem Vater aushändigen mußte.

Merker konnte nun schalten und walten wie er wollte. Er hatte Grete Beier jetzt in der Hand. Zunächst sprach er bei Presslers Wirtin vor und ließ durchblicken, daß er ein Verhältnis mit dessen Braut habe. Die Wirtin teilte das prompt Pressler mit. Der führte ein Gespräch mit Grete Beier, und sie stritt wie immer alles ab. Pressler beruhigte sich. Aber Grete Beier wußte nun, daß sie ihr Doppelspiel nicht mehr lange durchhalten konnte. Ein Eklat in der bürgerlichen Gesellschaft, ihr Ausschluß aus derselben, drohte. Sie wußte keinen besseren Rat mehr, als sich durch die Ermordung ihres Verlobten aus allen Bedrängnissen zu befreien.

Am Anfang war es nur so ein Gedanke. Aber einmal dieser Idee verfallen, reifte sie zum Entschluß. Aus dem Schreibtisch ihres Vaters, in dem einige Pistolen und Revolver, darunter auch der ihr weggenommene, wie Spielzeug herumlagen, entwendete sie einen.

In der Wohnung Presslers entdeckte sie ein Fläschchen Zyankali und brachte es ebenfalls zur Seite. Am 30. April fragte sie im »Freiberger Anzeiger« unter dem Namen Alexander Hermsdorf an, wie ein Testament zu entrichten sei. Nach einigen weiteren Studien setzte sie sich hin und schrieb ein Testament Presslers. Es kam ihr entgegen, daß sie dessen Handschrift gut kannte und daß die ihrige seiner sehr ähnelte.

## TESTAMENT

Zur Universalerbin meines gesamten Vermögens sowie sämtlicher Möbel, Betten, Wertsachen, Wäsche, Wein etc. ernenne ich meine Braut Marie Margarete Beier, des Bürgermeisters Beier in Brand Tochter.

An meine Mutter und Geschwister richte ich die herzliche Bitte, auf alles, auch auf den Pflichtteil zu verzichten, da sie es nicht brauchen, meine Braut aber dadurch sehr geschädigt ist. Ich bereue nicht etwa, was ich getan habe, denn: Lustig gelebt und selig gestorben, ist dem Teufel das Handwerk verdorben! Die Angaben meiner ersten Frau sind vollkommen richtig, sie hat jedoch auch keinerlei Anspruch auf ein Erbteil, da sie schon ausgezahlt ist. Ich habe angenommen, es kommt niemals 'raus, nun ist es aber gut. Dieses Testament ist von mir eigenhändig geschrieben und unterschrieben und somit vollständig rechtskräftig, denn ich befinde mich im Vollbesitz meiner geistigen Fähigkeiten.

Lebt alle wohl und amüsiert Euch recht gut auf der Welt, ich hab's reichlich genossen! Es gibt ja doch nichts mehr nach dem Tode!

Heinrich Moritz Curt Pressler
Oberingenieur

B.

Meine Braut mag mit den ganzen Sachen machen, was sie will. Es soll ihr niemand darüber Vorschriften machen, auch mit dem Gelde.

Die Brillantennadel soll sie selber tragen. Ich erteile ihr also das volle Verfügungsrecht über alles. Geld wird sie etwas über 15 000 Mark ausgezahlt erhalten, und findet sich alles weitere in meinem Schreibtisch.

Unterschrieben von
Heinrich Moritz Curt Pressler

Damit glaubte sich Grete Beier des nicht unbeträchtlichen Vermögens Presslers sicher. Was sie brauchte, war noch eine echte Motivierung zum Selbstmord Presslers.

Mit schriftstellerischer Begabung ließ sie die Ferroni erneut aufleben und zwei Briefe, einen an Pressler und einen an Frau Margarete Beier, also an sie selber schreiben.

Erster Brief an Pressler:

Chemnitz, den 7. Mai

Hierdurch teile ich Dir mit, daß ich wieder in Chemnitz eingetroffen bin. Ich habe Deiner armen Braut alles geschrieben, denn ich kann den Betrug nicht mehr länger mit ansehen. Es ist eine reine Schande, die Frau eines solchen Mannes zu sein. Ein Glück nur, daß es niemand weiß. Du bist doch ein ganz erbärmlicher, feiger Schuft. Wenn du nicht nach Brand fährst und die Wahrheit sagst, dann fahre ich hin und erzähle alle Deine Schlechtigkeiten. Ich kenne Deine Braut noch nicht, aber ich habe gehört, daß sie ein Engel voller Liebe und Güte ist. Du hast geglaubt, ich bin so dumm und bleibe immer in Italien. Aber ich habe Dich von Anfang an beobachtet und nur jetzt bis zur Hochzeit gewartet.

Deine »Ehegattin« Leonore Pressler
geb. Ferroni

Zweiter Brief an Grete Beier:

Sehr geehrtes Fräulein!

Als rechtmäßige Gattin Presslers fühle ich mich verpflichtet, Ihnen die volle Wahrheit zu schildern, daß ich der elenden Schurkerei endlich ein Ziel setzen will. Ich war die Tochter eines kleinen italienischen Staatsbeamten. Meine Mutter war eine Deutsche.

In Riva am schönen Gardasee, wo ich mich mit meiner bildhübschen Schwester aufhielt, lernten wir Pressler kennen. Er ging meiner Schwester nach und knüpfte mit ihr Beziehungen an, die nicht ohne Folgen blieben. Da Pressler meine Schwester von sich stieß, nahm sich diese das so zu Herzen, daß sie an einem Morgen mit durchschossenem Munde und Kopf am Ufer des Sees gefunden wurde. Nur ich wußte, was vorgegangen war, nur ich kannte den erbärmlichen Kerl. Lediglich das Gefühl der Rache beseelte mich. Nachdem ich die Zustimmung meiner Eltern erlangt hatte, gelang es mir, den Pressler durch Drohungen zur Heirat zu bewegen. Er wurde mir nach katholischem Ritus angetraut, d. h. die Ehe wurde unlösbar geschlossen. Ich hatte niemals eine Gemeinschaft mit ihm. Er sollte nur an mich gebunden sein. Er schickte mir alljährlich Geld, wofür ich ihm das Versprechen geben mußte, nicht nach Chemnitz zu kommen. Ich besorgte mir aber einen Detektiv, der ihn beobachtete. Mein »Gatte« lebt in Chemnitz mit seiner Wirtin und deren Tochter ungestört in wilder Ehe und hat in Zwickau 2 Kinder abgeschworen. Dann verlobte er sich mit Ihnen. Er weiß jetzt, daß ich in Chemnitz bin und ist der Verzweiflung nahe. Nur ein Weg bleibt ihm: Denselben Tod zu suchen, den meine Schwester gefunden. Danken Sie Gott, daß Sie diesen Mann loswerden. Er ist durch seinen leichtfertigen Lebenswandel auch gefährlich krank. Es ist überhaupt eine außerordentliche Frechheit von ihm, sich mit Ihnen zu verloben, wo ihm doch das Zuchthaus sicher ist. Sie werden mich nicht mehr sehen, denn wenn diese Zeilen in Ihre Hände gelangen, bin ich wieder im Auslande. Meine Mission in Deutschland ist erfüllt. Vielleicht sehen wir uns in Italien einmal wieder.

Ihre ergebene Leonore Pressler

Mit beiden Briefen hatte sie alle teuflischen Register ihrer Phantasie gezogen. Der 13. Mai 1907 sollte der Tag werden, an dem sie ihren Entschluß, Pressler zu ermorden, in die Tat umsetzen wollte. Sie ließ sich für diesen Zeitpunkt von einer Freundin namens Gersten nach Freiberg einladen. Dann teilte sie Pressler mit, daß sie am 13. Mai mit dem Mittagszug in Chemnitz eintreffen werde.

Nachdem alle Vorbereitungen genauestens überlegt und abgeschlossen waren, geriet sie nun doch in Unruhe und schlief in der Nacht zum 13. Mai überhaupt nicht. Niemand jedoch bemerkte ihre Erregung, weder die Eltern noch Pressler. Sie war jetzt sehr sicher, ihren eingeschlagenen Weg zu ihrem Glück mit Merker gefunden zu haben.

Am 13. Mai fuhr sie wie mit Pressler abgesprochen mit dem Mittagszug nach Chemnitz. Keiner der Reisenden wäre auf die Idee gekommen, daß in der Handtasche der kleinen hübschen Frau zwei erfundene Briefe, ein Revolver und etwas Zyankali steckten. Pressler holte sie am Bahnhof ab. In seiner Wohnung tranken sie dann Eierlikör. Als Pressler einmal kurz hinausging, benutzte sie die Gelegenheit, um das mitgebrachte Zyankali in sein Glas zu schütten. Nach ihren späteren Angaben soll er während des Trinkens sofort umgesunken sein. Sie befürchtete, er sei nur ohnmächtig geworden und könne bald vor Schmerzen laut schreiend wieder erwachen. Deshalb nahm sie den Revolver und schoß ihm eine Kugel in den Mund, genauso wie sie das Ende der Schwester im Ferroni-Brief geschildert hatte. Dann legte sie die Waffe so neben Pressler, als wäre sie ihm aus der Hand gefallen. Sie tat alles ruhig und überlegt. Das Likörglas wusch sie gründlich aus. Den Ferroni-Brief an Pressler und das erfundene Testament legte sie auf den Schreibtisch. Dann verließ sie vorsichtig das Haus, warf den anderen Ferroni-Brief an sie selber in einen Briefkasten und fuhr nach Freiberg zu der Freundin Gersten. Abends kehrte sie wieder nach Brand zurück und erzählte dem Hausmädchen, daß es sehr lustig in einer Gesellschaft bei ihrer Freundin Gersten in Freiberg gewesen sei.

Am nächsten Tag kam der Ferroni-Brief an, den sie gleich ihrer Mutter zeigte. Am 15. Mai dann erfuhren sie die Nachricht, Pressler habe sich erschossen.

»Siehst Du«, schrieb Grete Beier an Merker, »Du wolltest es nicht glauben, und nun ist es Wahrheit geworden. Er hat sich in seiner Wohnung erschossen ... Nun bin ich wirklich frei, mein Schatz, aber nicht durch eine Entlobung, sondern Gott hat selbst gerichtet.« Womöglich glaubte sie in ihrer Phantasie, es sei wirklich so geschehen. Und sie hätte beinahe Glück gehabt. Pressler wurde eingeäschert; eine Untersuchung seines Leichnams nach Giftspuren somit ein für allemal ausgeschlossen.

Aber parallel zu diesen Ereignissen lief noch ein anderes Geschehen: Am 25. April 1907 war Grete Beiers Onkel, der Freiberger Armenhausverwalter Kröner, gestorben. Er hinterließ eine eiserne Kassette mit Wertpapieren, Gold und zwei Testamenten. In einem war die Bergarbeiterwitwe Schlegel als Alleinerbin eingesetzt. Im anderen hatte Kröner Grete Beier 3 600 Mark zugedacht. Da ihr Vater damals schon krank im Bett lag, ließ er die Kassette zu sich nach Brand kommen. Die Witwe Schlegel aber besaß den Schlüssel.

Mit einem Nachschlüssel öffnete Grete Beier am 1. Mai inzwischen die Kassette und stahl das Sparkassenbuch über 4178,78 Mark sowie 300 Mark in Goldmünzen. Merkel verriet sie, das Sparkassenbuch aus dem Schreibtisch ihres Onkels genommen zu haben. Obwohl er nun von der Unrechtmäßigkeit des Besitzes wußte, hinderte er Grete nicht daran, das Geld abzuheben. Er bezahlte seine Schulden bei Dreß, warf sich in neue Klamotten und brachte den Rest bei Spiel und anderen schönen Leichtsinnigkeiten durch.

Am 24. Mai kam die Witwe Schlegel nach Brand und öffnete die Kassette. Der Diebstahl wurde festgestellt und ein von Grete Beier gefälschtes Testament gefunden, in dem sie – die Schrift ihrer Tante Kröner nachgeahmt – ihre Mutter zur Erbin eingesetzt hatte.

Sie wollte damit den Eindruck erwecken, ihre Mutter habe das fehlende Sparkassenbuch und die Goldmünzen bereits entnommen. Der Schwindel kam bald heraus. So wurde Grete Beier am 27. Juni 1907 verhaftet. Nicht der Mord war Anlaß dazu, sondern der Diebstahl.

Die Kriminalpolizei war ohnehin von einem Selbstmord ausgegangen. Ihre Ermittlungen am Tatort vollzogen sich mehr als schludrig. Anders verhielt sich der Untersuchungsrichter Landgerichtsrat Dr. Mangler. Nach den ersten Vernehmungen der Grete Beier erhärtete sich bei ihm die Vermutung, sie habe Pressler umgebracht. Er sagte es ihr. Sie leugnete. Ihr gutes Gedächtnis und ihr Ideenreichtum machten es Mangler schwer, ihr mit überraschenden Fragen Fallen zu stellen. Sie merkte sich gut, was sie vorher zu Protokoll gegeben hatte. Erst als sie vom Tod ihres Vaters erfuhr, wurde sie müder in ihren Ausreden.

Am 13. September 1907 verhaftete man Merker wegen Begünstigung und Hehlerei. Gleich zu Beginn spielte er eine klägliche Rolle. Er lieferte dem Untersuchungsrichter wichtige Hinweise zur Überführung der Grete Beier. Die Liebesbeweise, die sie jetzt in ihrer Not von ihm gebraucht hätte, blieben aus. Als er das Versteck verriet, in dem die Liebesbriefe Gretes lagerten, kamen viele ihrer Äußerungen, die Abtreibung und die Mordabsichten betreffend, ans Tageslicht. Wichtige Hinweise gab er zu den Ferroni-Briefen.

Ihm war aufgefallen, daß der eine in Deutsch und der andere in Dialekt geschrieben war. Ansonsten wußte er von nichts, der Diebstahl aus der Kassette sei ohne sein Wissen geschehen.

Nach Merkers Bad in Unschuld, seinem Verrat an ihrer Liebe, sah Grete Beier keinen Sinn mehr in all ihren Ausreden, keinen Erfolg mehr in dem, was sie für Merker getan hatte. Im Oktober gab sie ihr Verteidigungsspiel auf und gestand den Mord an Pressler.

Immerhin mußte fast noch ein dreiviertel Jahr bis zur Hauptverhandlung vergehen. Diese begann am 30. Juli 1908. Vor allem sensationslüsterne Damen aus der bürgerlichen Welt, aber auch Reporter des In- und Auslandes füllten den Saal. Die Verteidigung plädierte auf Totschlag, die Geschworenen entschieden die Schuldfrage auf Mord. Am 1. Juli gegen 23.30 Uhr verkündete der Vorsitzende das Urteil: »Die Angeklagte Marie Margarete Beier wird wegen Mordes zum Tode und zum dauernden Verlust der bürgerlichen Ehrenrechte verurteilt ...«

Nach Bekanntgabe des Urteils aß und trank Grete Beier nur noch wenig. Am Tag der Hinrichtung nahm sie morgens fünf Uhr einen Schluck Kaffee zu sich. Sie äußerte keinen Wunsch mehr. Die letzten beiden Nächte schlief sie nicht. Die Mutter erhielt für ihre Mithilfe bei den anderen Straftaten ihrer Tochter oder dem Versuch der Vertuschung dieser zwei Jahre Zuchthaus, die sie in Waldheim verbrachte. Sie stritt ihre Mitschuld ab. In der letzen Nacht vor der Hinrichtung durfte sie noch einmal zu ihrer Tochter. Die Begegnung soll erschütternd gewesen sein. Beide Frauen kamen sich zum ersten und letzten Mal näher.

Zweihundert Eintrittskarten waren für die Hinrichtung ausgegeben worden wie zu einer Theateruraufführung. 1 400 Personen hatten um Einlaß gebeten. Zwanzig Mark wurden für eine Karte geboten. Fensterplätze der benachbarten Privatgrundstücke hatten einen Wert von fünf Mark.

Und Merker? Der erhielt zwei Jahre Gefängnis wegen Unterschlagung. Daß er an den Straftaten seiner Geliebten beteiligt war, konnte ihm nicht nachgewiesen werden. Nach Verbüßung seiner Haft wanderte er nach Argentinien aus.

Am 23. Juli 1908 schritt Grete Beier zu ihrer Hinrichtungsstätte im nördlichen Hof des Freiberger Landgerichtes. Der König hatte zur allgemeinen Überraschung der Öffentlichkeit eine Begnadigung abgelehnt. Bisher waren die zum Tode verurteilten Frauen mit dem Leben davongekommen. Grete Beier war also die erste Frau und das Interesse an diesem Ereignis deshalb sehr groß. Sie trug auf ihrem letzten Weg ein schwarzes Kleid mit offenem Halsausschnitt. Die Menge starrte auf ihr blondes Haar. Sie wirkte sehr gefaßt. Eine Frau, die aus Liebe zur Mörderin wurde und nun alles, auch die Erkenntnis, daß ihre Liebe sinnlos gewesen war, hinter sich gebracht hatte.

Im Brander Wochenblatt schrieb Rechtsanwalt Dr. Seidel: »Punkt 1/2 7 Uhr betrat Grete Beier mit gefalteten Händen, ruhigen festen Schritten den Platz. Ihr voraus ging der Arresthausinspektor Engler, zu ihrer Linken der Gefängnisgeistliche, zu ihrer Rechten der

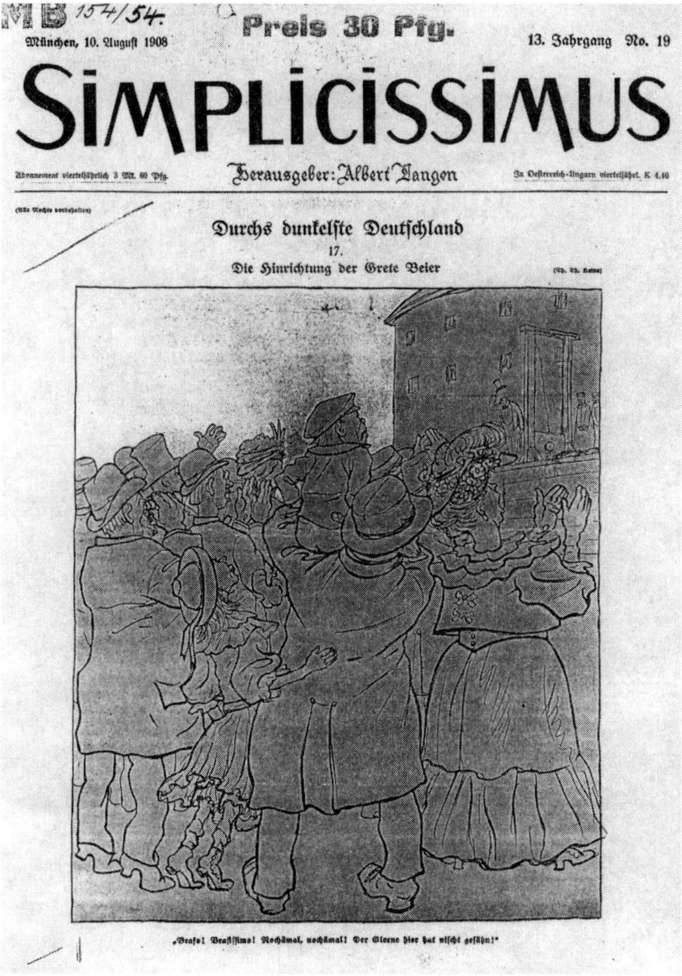


Titelblatt des SIMPLICISSIMUS
vom 10. August 1908

Verteidiger, hinter ihr der Aufseher Lamnele. Nachdem der Staatsanwalt das Urteil verlesen hatte, übergab er Grete Beier dem Scharfrichter. Grete Beier stieg festen Fußes ruhig und ohne das geringste Sträuben die Treppe hinauf, ließ sich anschnallen, das Fallbeil legte sich um, und in der nächsten Sekunde trennte das Fallschwert der Beier das Haupt vom Rumpf. Das Publikum verhielt sich ruhig und würdig. Es war ernst und ergriffen.«

Ob Grete Beier in ihren teuflischen Erdichtungen auch manchmal die Wahrheit vorausgesehen oder geahnt hatte? Im erfundenen Testament Presslers ließ sie ja diesen vielleicht ihre eigene Lebensansicht sagen: Lebt alle wohl und amüsiert Euch recht gut auf der Welt, ich hab's reichlich genossen! Es gibt ja doch nichts mehr nach dem Tode.

*

## *Der Bergbau bestimmt die Landschaft*

An der alten Silberstraße liegt die Bergstadt Brand-Erbisdorf. Freiberger Bergmänner gruben beim Bau neuer Siedlungen rotgültiges Erz »auf dem Brande« aus der Erde. So entstand die Bergstadt Brand, aus der dann später Brand-Erbisdorf wurde. Alte Schachtanlagen zeugen vom einstigen Reichtum wie z. B. das Grubenfeld im Himmelsfürst, die Grube Beschert Glück, die Bartholomäushalde mit ihrer Schauanlage, dem Thelersberger Stollen oder dem Drei-Brüder-Schacht mit dem ältesten Kavernen-Kraftwerk der Welt. Wo heute das Ausflugslokal »Zugspitze« steht, war einst die Mordgrube. Die Sage berichtet, daß hier sich Vergnügende einfach weitertanzten, obwohl ein Priester mit der Monstranz vorüberging, um einen Sterbenden zu versorgen. Nur der Spieler hielt voller Andacht und Ehrfurcht inne. Da öffnete sich plötzlich donnernd die Erde und verschlang alle Ehrlosen bis auf den Spieler für immer und ewig.

Wer mehr vom ehemaligen Silberbergbau in dieser Gegend erfahren möchte, kommt im Bergbaumuseum auf seine Kosten. Hier sieht er u. a., wie die Bergleute einst lebten, was sie in ihrer knappen Freizeit taten.

Besucher von Brand-Erbisdorf, welche in die verträumte Landschaft mit ihren romantischen Tälern, klaren Bächen, stillen Stauseen und im Sommer prächtig blühenden Wiesen um die Stadt hinauswandern, haben es nicht weit zur Burgruinenanlage nach Frauenstein, nach Holzhau und dem Spielzeugland in Seiffen. Höhepunkt dürfte auch ein Ausflug nach Freiberg sein mit dem spätmittelalterlichen Stadtkern und dem Markt, auf dem Kunz von Kauffungen hingerichtet wurde. Am Dom sollte keiner nur vorbeigehen und auch nicht an der Goldenen Pforte und der Tulpenkanzel von Hans Witten. Und er sollte die Silbermannorgeln im Dom und der St.-Petri-Kirche hören!

# *Das Mörderangebot*

Die Wahrscheinlichkeit, daß Autoren Verleger durch Morddrohungen erpressen ihr Manuskript zu veröffentlichen, ist sehr gering. In der ehemaligen Buchstadt Leipzig ereignete sich dennoch solch ein Versuch. Hätte der Verleger nachgegeben, wären diese sogenannten Autoren in arge Verlegenheit geraten, überhaupt ein paar annehmbare Sätze auf das Papier zu bringen.

Am Heiligabend 1908 erhielt der Verlagsbuchhändler Weber, welcher die »Neue Leipziger Illustrierte« zum Druck brachte, einen Brief ohne Absender. An diesem Tag gab es noch einmal einen gewaltigen Stoß Weihnachtspost, der aus Zeitgründen nicht mehr geöffnet werden konnte. Weber kam so erst am 25. Dezember zum Lesen des Briefes.

Da hätte er jedoch bereits eine Forderung erfüllen müssen. Ein Mann namens Argus verlangte von ihm, er solle am Heiligabend bis 18 Uhr im Zeitungskiosk am Alten Theater 5 000 Mark in Gold hinterlegen. Und das als Vorschuß! Sobald ein bestimmtes Buch fertig ist, müßten dann noch einmal 5 000 Mark, ebenfalls in Gold, gezahlt werden.

»Schreiber dieses bietet Ihnen ein Werk an, wie es die Welt bisher noch nicht gesehen«, las Weber, »ein Werk von eminenter aktueller Bedeutung!« Argus bot Weber zwanzig eigenhändig ausgeführte Morde an. Einen davon, gewissermaßen als Eignungstest für den Druck des Buches, schilderte er gratis bis in die Einzelheiten.

Es war der Doppelmord an einem Schriftsetzer und dessen Frau im östlichen Stadtgebiet Leipzigs. Nun wäre das bis hierher ein ganz lustiger Gag gewesen, wenn – ja, wenn sich dieser Doppelmord nicht tatsächlich zugetragen hätte ...

Am 2. November 1908 wurden im Haus Windmühlenstraße 21 der Schriftsetzer Georg Friedrich (60) und seine Ehefrau Marie (59) tot in ihrer Wohnung aufgefunden. Am Vortag hatten sich zwei vornehme Herren als Untermieter bei ihnen eingenistet und durch Postbote eine Geldauszahlung von 8,25 Mark hierher bestellt. Ihre Absicht war, den Postboten, der ganz sicher in seiner Tasche eine größere Menge Geld mitführte, in die Wohnung zu locken, ihn umzubringen und auszurauben. Als der Postbote klingelte und nach dem vermeintlichen Untermieter Schlegel fragte, waren die Friedrichs als mögliche Tatzeugen bereits tot. Aber der Postbote kam nicht allein. Im Treppenhaus hatte er einen Kollegen getroffen, der ihn begleitete. Dieser Zufall rettete ihm das Leben. Die Aktion mißlang.

Im Brief an den Verlagsbuchhändler Weber war der Doppelmord derart detailliert beschrieben, daß es sich wahrhaftig um die Täter handeln mußte. Damals durfte in der Presse die bestialische Weise der Ermordung nicht geschildert werden. Die Friedrichs galten nur als erschlagen. Im Brief aber wurde die Tat so mitgeteilt wie sie die Kripo bei ihren Ermittlungen nachvollzogen hatte.

Argus fügte dem Brief, sollte Weber etwa auf den Gedanken kommen, die Polizei zu informieren, noch eine freundliche Bemerkung an: »Ihr Todesurteil würden Sie sprechen. Ihre ganze Familie würde ich zerfleischen.« Weber hütete sich, solche Absichten zu unterstützen. Sein Vertrauen in die Erfolgsaussichten der Polizei war nicht besonders hoch. Aus der jetzigen Zeit gesehen, wirkt er da 1908 als ungeheuer modern. Außerdem schätzte er ein, daß die Erpressungsversuche noch lange gehen könnten und eine Polizeibewachung seiner Familie schon deshalb nicht ständig durchzuführen wäre. Er hielt ein gehöriges Maß an Selbstverteidigung für sicherer. Der Staatsanwalt, an den er sich gewandt hatte, war nicht von solcher gefährlichen Courage begeistert, was diesen nun ebenfalls als ungeheuer modern erscheinen läßt. Natürlich verständigte er als Staatsbeamter die Polizei. Weber wird die indirekte Kontaktaufnahme sicherlich beabsichtigt haben. Er selber suchte durch ein Zeitungsinserat Kontakt zu Argus. Darin ließ er wissen, daß ein Brief mit 500 Mark an dem betreffenden Zeitungskiosk bis Montag zur Abholung bereit läge. Wenn diese nicht erfolge, verständige er die Polizei. Auch er hatte eine zusätzliche Bemerkung: »Lassen Sie meine Familie und mich in Ruhe.« Argus holte den Brief nicht ab. Es bewegten sich um diese Zeit zu viele Straßenarbeiter in der Nähe des Kioskes, obwohl es kaum etwas für die Straße zu tun gab. Der Erpresser war gewarnt.

Inzwischen hatte die Staatsanwaltschaft zu seiner Ergreifung 5 000 Mark Belohnung ausgeschrieben, und die Polizei fertigte nach Aussagen der beiden Postboten von der Windmühlenstraße ein Phantombild des vermutlichen Täters an.

Am 8. Januar 1909 erhielt Weber ein weiteres, diesmal mit Blutflecken verziertes Schreiben großspurigster Drohungen. Argus verlangte die Hinterlegung von 1 000 Mark in einer bestimmten Bäckerei als Vorschuß für das kommende weltberühmte Buch. Weber strich eine Null. Er gab nur 100 Mark ins Kuvert und tat wie geheißen.

Am vorgesehenen Übergabetag holte ein Eilbotenjunge das Geld ab und machte seinem Büro alle Ehre. Er eilte schneller als die Polizei.

Im Februar meldete sich Argus erneut bei Weber. Diesmal erhöhte er die Honorarforderung für sein künftiges Machwerk auf 30 000 Mark. Außerdem schilderte er sehr genau andere von ihm verbrochene Untaten, einen Raubüberfall auf eine Frau in einem Hausflur, auf einen Geldbriefträger, wobei das letztere Verbrechen vom Trick her dem aus der Windmühlenstraße sehr ähnelte.

Die Polizei begann allmählich, durch das unbekümmerte Weiterwüten des Täters öffentlich in Bedrängnis zu geraten und reagierte nervös. Viele überschnelle Zugriffe erwiesen sich als Blindgänger.

Was Weber und seine Familie in jener Zeit durchmachten, läßt sich erahnen. Sie werden abends nicht mehr auf die Straße gegangen sein und auch sonst ihre Tür nur vorsichtig geöffnet haben. Weber war kein übersensibler Mensch. Sein Selbstverteidigungstrieb zeigte sogar eine beachtliche Portion Mut. Immerhin aber zog sich die nervliche Belastung nun schon fast zwei Jahre hin. Beinahe wurde sie zur Gewohnheit.

Vielleicht fühlte sich Weber sicherer, weil er im Besitz eines Waffenscheins war. Am 12. August 1919 wollte er zu einem Jagdausflug aufbrechen, als es an der Tür klingelte.

Ein Junge brachte einen Brief, den Weber an seiner Aufmachung gleich erkannte. Weber gab sich ruhig, hastete aber dann die Treppe hinab, wo der Fahrer für den Jagdausflug bereits vor dem Haus im Auto wartete.

Langsam folgten sie dem Jungen. Sie mußten ewig warten und gaben fast die Hoffnung auf, da ging der Junge plötzlich auf zwei Männer zu und begann, mit ihnen zu reden. Weber stieg aus und näherte sich der Gruppe. Vielleicht trug er sein Jagdgewehr und hatte es sogar im Anschlag. Er war auf alle Fälle entschlossen, dem Drama ein Ende zu bereiten und auf eigene Faust eine Verhaftung vorzunehmen. Noch ehe er die Männer erreichen und sich zu erkennen geben konnte, stürmten sie auf die andere Straßenseite und flohen in Richtung Innenstadt. Weber rannte zum Auto zurück, und es begann eine Verfolgung, wie er sie bei seiner geplanten Jagd auf Wild bestimmt nicht erlebt hätte. Heute wäre sie durch den starken Autoverkehr und den von parkenden Wagen verstopften Straßen Leipzigs wohl kaum erfolgreich gewesen. Der Fahrer war sehr geschickt und kannte sich aus in der Stadt. Als sich die zwei Verfolgten trennten, gelang es ihm, einem von ihnen den Weg zu verstellen. Weber sprang heraus und griff energisch zu. Das andere erledigte dann die von Passanten informierte Polizei.

Der Gefaßte hieß Karl Koppius. Schon vor einem halben Jahr hatte ihn die Polizei unter dem Verdacht, an der Erpressung Webers beteiligt zu sein, verhaftet. Aber er legte sie aufs Kreuz mit seinen Argumenten, und sie mußten ihn wieder freilassen. Der andere, dem die Flucht gelang, war sein Bruder Fritz Koppius. Als Gespann hielten sie sich für unaufgreifbar. Nun aber ging auch er am nächsten Tag der Polizei in eine Falle.

Webers Mut befreite seine Familie von einem Alptraum. Ob die Polizei jubelte, weil ihr ein Zivilist die Schau stahl, ist zu bezweifeln. Erhielt Weber die ausgeschriebene Belohnung? Es gibt keinen Hinweis. Ganz bestimmt dürfte sein Interesse am Verlegen von Mordgeschichten sehr gering gewesen sein.

Das Leipziger Schwurgericht begann am 5. Oktober 1910 mit der Verhandlung über die Verbrechen der Brüder Koppius. Karl, der wohl bestimmendere von beiden, hatte zu Beginn ihrer »Karriere« nach einem ersten Raubüberfall seine Arbeit in einer Weinhandlung aufgegeben und wollte ein Restaurant kaufen. Aber das Beutegeld war eher verpraßt. So mußte er neues rauben, und der unheilvolle Weg mit seinem Bruder begann: Doppelmord, Mordversuch, schwerer Raub, versuchter Raub, Erpressung, Bedrohung ... Zu leugnen, hatte angesichts der Tatsachen und den sogar schriftlich niedergelegten Geständnissen in den Briefen an Weber, keinen Sinn mehr.

Fünf Tage nach dem Verhandlungsauftakt wurde Karl Koppius zweimal zum Tode verurteilt. Hinzu kamen fünfzehn Jahre Zuchthaus und dauernder Verlust der bürgerlichen Ehrenrechte. Eigentlich genügte schon ein Todesurteil. Aber die Rechtsprechung erforderte nun einmal nach dem vorliegenden Sündenregister eine solche bürokratische Auflistung.

Bruder Fritz Koppius erhielt fast dieselbe Strafe, statt der fünfzehn Jahre Zuchthaus jedoch nur sieben. Bei ihm änderte der Sachsenkönig das Urteil in lebenslänglich. Das wird ihm wohl auch nicht mehr Freude bereitet haben. Karl Koppius konnte sein dem Verleger Weber angepriesenes Manuskript, »... ein Werk von eminenter aktueller Bedeutung ...«, nicht schreiben. Aber er setzte dem gar nicht so unintelligenten verbrecherischen Vorhaben eine grausige Pointe: Er wurde selber hingerichtet.

*

Sicherlich sollte ein Tourist, wenn er Leipzig einmal bei guter Sicht überblicken will, auch das Völkerschlachtdenkmal besichtigen. Trutzig ragt der dunkelgraue 90 Meter hohe Steinkoloß südlich vom Zentrum empor und mahnt hoffentlich nicht nur an die Gefallenen der Völkerschlacht von 1813. Einhundert Jahre später, am 18. Oktober 1913, wurde das Denkmal auf einer Gesamtfläche von 80 000 Quadratmetern eingeweiht und gleich ein Jahr danach ein neuer Krieg begonnen. So sollte man in Krypta und Ruhmeshalle beim Anblick der gewaltigen Granitfiguren das Schauerliche jeden Krieges als Mahnung sehen. In einem Pavillon neben dem Bauwerk sind Waffen, Uniformen und Dokumente aus jener Zeit um 1813 sowie ein Großdiorama der Schlacht aus Tausenden von Zinnfiguren zu besichtigen.

Nicht weit vom Völkerschlachtdenkmal entfernt, in der Philipp-Rosenthal-Straße, wurde ebenfalls am 18. Oktober 1913 die Russisch-Orthodoxe Gedächtniskirche des heiligen Alexius eingeweiht. Hier wird der mehr als 22 000 toten russischen Soldaten gedacht, die im Kampf gegen Napoleon fielen. Auf dem Turm der Kirche leuchtet weithin eine vergoldete Zwiebelkuppel. Außer der Sehenswürdigkeit des Kirchenbaues ist im Inneren die 18 Meter hohe Ikonenwand aus Zedernholz mit Heiligenbildern bemerkenswert. Am Ende der Philipp-Rosenthal-Straße stadteinwärts steht der älteste Kopfbahnhof der Welt, der Bayerische Bahnhof. Im September 1844 fuhren hier die ersten Züge vom Königreich Sachsen nach Bayern. Jetzt dient der Bahnhof nur noch regionalen Verbindungen. Der denkmalgeschützte Portikus mit der Aufschrift SÄCHS. BAYERSCHE STAATS-EISENBAHN leuchtet wieder in alter Schönheit. Wer nun auf Bahnhöfe neugierig wurde, dem ist noch der größte Kopfbahnhof Europas, der Hauptbahnhof, zu empfehlen mit einer absoluten Neuigkeit - dem Erlebnisbereich Einkaufszentrum.

# *Dort im Wald, so hoch da droben*

Mitte Mai 1930 erschien im Prager Abendblatt »Expreß« ein Artikel, der den Regierungsrat Dr. Barth, Leiter des Kriminalamtes Zwickau, in Rage brachte, denn er durchkreuzte all seine bisherigen Ermittlungen.

Ein Reporter des Blattes schrieb: »Von der Chemiestudentin Müller aus Leipzig ist nunmehr eine Spur gefunden worden. Vor einigen Tagen erhielten angeblich die Angehörigen des Mädchens einen Brief, in dem der unbekannte Schreiber mitteilt, daß er und drei andere Männer die Studentin entführt hätten. Das Mädchen sei jetzt schwer erkrankt und befinde sich in einem Sanatorium in der Umgebung von Karlsbad. Die Eltern werden gewarnt, Nachforschungen anzustellen, da das Mädchen sonst ermordet würde. Dem Brief war ein Gepäckhinterlegungsschein des Bahnhofs Chemnitz beigelegt. In dem behobenen Paket befanden sich die Kleider des Mädchens. Der Mantel war zerrissen und beschmutzt, was auf einen Kampf hinwies. Zur Aufklärung der geheimnisvollen Angelegenheit wurde ein Polizeibeamter, in dessen Begleitung sich der Bruder der Entführten, Dr. Müller, befand, nach der Tschechoslowakei entsandt. Sie fanden in Weipert anscheinend eine Spur, denn vier Pfadfinder erzählten, sie hätten einen Kraftwagen beobachtet, in dem sich ein Mädchen mit vier Männern befand, aus deren Gesellschaft es sich zu befreien versuchte.«

Dr. Barth tobte. Er sah sich nun gezwungen, der

Öffentlichkeit diesem auf Sensation zugeschnittenen Bericht die Wahrheit entgegenzustellen. Sein Plan war eigentlich gewesen, weiterhin verdeckt zu ermitteln, um so den mutmaßlichen Mördern der Charlotte Müller eine Falle stellen zu können.

Tatsächlich hatte es ein Schreiben gegeben. Aber nicht die Angehörigen des Mädchens erhielten es, der Empfänger war das Kriminalamt Zwickau. Obwohl noch nicht bewiesen, deutete alles auf einen Mord hin.

Seit dem 13. April 1930 war die genannte 23jährige Pharmazeutik-Studentin Charlotte Müller auf unerklärliche Weise verschwunden.

Am Sonnabend vor dem Palmsonntag hatte sie in einer Apotheke in Aue Arbeit für die Sommerferien aufgenommen. Sie begeisterte sich für ihr Studium, lebte ernsthaft und still, liebte als angehende Apothekerin die Pflanzenwelt und somit den Wald. Dorthin war sie an jenem Tag aufgebrochen und zum letzten Mal in der Nähe des Bockauer Jägerhauses gesehen worden. Am Ostersonntag erhielten die Eltern in Leipzig noch einen Brief von ihr. Sie war also nicht der jugendliche Typ, welcher auf Abenteuer ausrückte, und es lag ohne Zweifel eine Straftat vor.

In dem Brief an das Zwickauer Kriminalamt war nicht, wie in dem Prager Artikel behauptet, die Rede von einem Sanatorium, das die Charlotte Müller beherbergen sollte, sondern von einem Bordell.

Nach Öffnen des Postpaketes fanden die Beamten außer dem Mantel eine Handtasche und ein Taschentuch mit dem Monogramm C. M. Der Mantel war nicht zerrissen, aber in einem stark zerknitterten und feuchten Zustand. Er mußte also, wenn man die Zeitdauer berücksichtigte, von Nässe durchtränkt gewesen sein und die Knitter hatten sich durch das Verpacken fest eingedrückt. Am Tage des Verschwindens von Charlotte Müller hatte es in der Bockauer Gegend heftige Regenfälle gegeben. Aber auch von böhmischer Seite wurde solches Wetter gemeldet.

Dr. Barth wollte jede Möglichkeit der Spurensuche nutzen. Doch er ließ nicht die tschechischen Sanatorien, sondern die Nachtlokale in den westböhmischen Kurorten überwachen. Es gab keinerlei Hinweise.

So festigte sich seine Ansicht, daß der oder die Schreiber des Briefes den Inhalt erfunden hatten, um die Polizei irrezuführen.

Er mußte verstärkt in der Nähe von Bockau suchen lassen. Bereits am 19. April war eine in Schwarzenberg abgestempelte Postkarte beim Kriminalamt angekommen. Die Absender nannten sich Wandervögel.

Dr. Barth nahm den Brief zur Hand, den die Polizei am 14. Mai erhalten hatte. Er verglich ihn mit der Karte, las beide Texte laut. Sie wiesen den gleichen niedrigen Intelligenzgrad auf. Beim lauten Lesen hörte er auch die Satzmelodie.

Der Text des Briefes hieß: »Weipert, den 10. Mai 30. Betreffs der vermißten Studentin Müller. Sie befindet sich in der Tschechoslowakei, in Karlsbad. Wir haben sie entführt vom Jägerhaus und Schwarzenberg im Auto, kennen sie von Leipzig her. Befindet sich im Bordell, liegt krank vom vielen Rauchen. Sollten Sie weiter nachforschen, wird sie erledigt und bringen sie wieder an die Stelle, wo sie einstieg im Auto. Sind auf der Fahrt nach Berlin.

Den Schein lösen Sie ein und ihre Sachen den Eltern zustellen.

Wir haben sie im Auto von Schlema verfolgt, auch im

Jägerhaus in ihrer Nähe gesessen. Hochachtungsvoll Marlo und vier Genossen.« Auf der Karte stand: »An das Krimialamt Zwickau? Betreffs der vermißten Studentin. Wir waren ein kleiner Trupp Wandervögel, haben die Person gegen 4 Uhr bei der Morgenleithe gesehen. Eine halbe Stunde später sahen wir, wie Sie in ein Auto stieg welches an der Schwarzenberger Straße und Richtung Schwarzenberg fuhr. Es war ein größerer Wagen schwarz. Im Auto saßen vielleicht 4 bis 5 Mann. Konnten die Studentin nicht erkennen da wir etwas davon waren. Sie machte einen gezwungenen Eindruck. Die Beschreibung spaßte genau auf die Person. Hochachtungsvoll O.M. S.H. Schwarzenberg.«

Wenn Dr. Barth überhaupt etwas davon glaubte, so war es der Hinweis auf das Jägerhaus. Die vordergründige Bemerkung »Sind auf der Fahrt nach Berlin« ließ vermuten, daß der Täter die Kriminalpolizei für so blödsinnig hielt, in diese Richtung zu suchen. Er verriet sich damit. Nein, er mußte sich hier in der Nähe aufhalten. Und er war der Schreiber beider Texte. Die Anfänge stimmten überein. Aus der gesamten Diktion war herauszulesen, daß keine vier bis fünf Straftäter hinter ihm gestanden hatten. Einer von ihnen hätte wenigstens wohl erkennen müssen, daß er statt paßte spaßte geschrieben hatte. Und dann machte Dr. Barth eine Entdeckung, die ihm beim Lesen zu Beginn nicht gleich aufgefallen war: Zweimal hatte der Täter - zum ersten in der Briefanschrift und zum zweiten im Kartentext - statt Kriminalamt Krimialamt geschrieben. Wer das zweimal tat, der sprach es so und hatte sich demnach nicht verschrieben.

Unterdessen gab es Hinweise aus Bockau, hauptsächlich durch die fleißigen Bemühungen des Gendarms.

Nach dessen Erkundigungen war ein Bockauer mit der Charlotte Müller in Verbindung zu bringen.

Am Nachmittag des Palmsonntags hatte ein Ehepaar aus Albernau in seinem Kraftwagen Fußballer nach Beierfeld gefahren. Auf der Straße Sosa–Jägerhaus überholten sie einen Mann, der sehr eilig sein Rad schob. Etwa zweihundert Meter vor ihm lief, ebenfalls rasch, eine Frau in dieselbe Richtung. Das Ehepaar hatte den Eindruck, sie wäre bemüht gewesen, nicht von dem Mann eingeholt zu werden. Nach dem Äußeren der Frau befragt, erinnerten sie sich an eine Kopfbedeckung, einen Regenmantel und einen Fotoapparat, den sie über der Schulter trug.

Dr. Barth ließ ermitteln, wer von den Bockauern zu dieser Zeit mit dem Rad unterwegs war. Außerdem half ihm die Beschreibung des Mannes, eine bestimmte Person länger im Auge zu behalten, die in Bockau nicht gut angesehen schien. Dies mußte noch kein Grund zur Verdächtigung sein. Aber der Mann war zur angenommenen Tatzeit mit dem Rad unterwegs. Da er noch vor kurzem als Arbeitsloser geführt wurde, ließ sich Dr. Barth vom Arbeitsamt Schriftproben beschaffen. Sie deckten sich einwandfrei mit denen des Briefes und der Karte.

So wurde am 20. Mai 1930 gegen Abend der 31jährige in Bockau ansässige Bauarbeiter Willy Leischker auf einer Auer Baustelle verhaftet. Dr. Barth ließ ihn während des Verhörs einige belanglose Sätze schreiben, in denen er die Worte Kriminalamt und paßte versteckte. Leischker schrieb »spaßte« und »Krimialamt« ...

Es begann der langwierige Weg zur endgültigen Beweisführung und zum Auffinden der Charlotte Müller, ob nun noch lebend oder tot.

Leischker bestritt heftig jeden Verdacht auf eine Ermordung. Aber ein stichfestes Alibi, in der angenommenen Tatzeit woanders gewesen zu sein, konnte er nicht erbringen. In die Enge getrieben, gestand er, die Straße Sosa–Jägerhaus befahren zu haben, jedoch in entgegengesetzter Richtung.

Der Angestellte des Chemnitzer Bahnhofs erkannte sofort in Leischker den Mann wieder, der bei ihm das Paket abgegeben und sogar ein paar Worte mit ihm gewechselt hatte. Auch dies bestritt Leischker und behauptete, es müsse eine Verwechslung mit einem Doppelgänger sein.

Nach mühsamen Verhören gestand er, Karte und Brief geschrieben zu haben. Und endlich gab er auch die Abgabe des Paketes zu. Er hätte die Sachen im Wald bei Bockau gefunden. Als Argument, warum er sie dann nicht gleich bei der Polizei abgegeben habe, erklärte er, nach dem Lesen des Zeitungsartikels über den mutmaßlichen Mord sei ihm die Angst gekommen, man könne ihn leicht für den Mörder halten.

In Bockau kursierten indessen Gerüchte, die Ermordete solle sich im Johannisschacht beim Zechenhaus befinden. Dort war unmittelbar nach dem Verschwinden der Studentin der Bretterverschlag über dem Schacht aufgebrochen und die steinerne Deckplatte zum Eingang verschoben worden. Der Schacht hatte eine Tiefe von fast einhundert Metern. Außerdem war er zum Teil mit Wasser gefüllt.

Hunderte von Schaulustigen eilten zum Johannisschacht, um das Auffinden der Leiche mitzuerleben. Das kleine Dorf Bockau mit seinen friedlichen Erzgebirgern geriet in einen bis dahin noch nicht gekannten Aufruhr. Einer aus ihrer Mitte sollte zum Mörder geworden sein! Zu Hause verbargen sich Frau, Kinder und der alte Vater Leischkers ungläubig und verzweifelt vor den Blicken der Nachbarn, während er in der Zwickauer Untersuchungshaft teils heftig verneinend und dann wieder weinend herumsaß.

Die Suche im Johannisschacht verlief wie das Hornberger Schießen.

Regierungsrat Dr. Barth brachte längs der Straße Sosa–Jägerhaus eine Streife der Landespolizei in breiter Folge zum Einsatz. Aber auch hier zeigte sich kein Erfolg.

Inzwischen gestand Leischker zumindest, er habe die Leiche unter Reisigzweigen gesehen. Die Angst jedoch, dann als der Mörder verdächtigt zu werden, hätte ihn daran gehindert, dies der Polizei zu melden. Er weigerte sich, das Waldgebiet aufzusuchen, weil er »Leichen nicht gut sehen könne«. Anhand einer groben Skizze, die er bereit war anzufertigen, kam die Abteilung 4, Flügel 2 des Bockauer Staatsrevieres in Frage.

Leischker wurde gefesselt und in Begleitung mehrerer Polizeibeamter, eines Suchhundes und dessen Führers zur angegebenen Stelle gefahren. Er führte sie etwa dreihundert Meter in eine Schneise hinein, an deren rechter Seite sich eine Fichtenschonung befand. Man gab Leischkers Mütze dem Hund zum Schnuppern. Vergebens. Die Gereiztheit der Beamten angesichts der Passivität Leischkers stieg. Er wurde seiner Fesseln entledigt und barsch darauf hingewiesen, die Stelle konzentriert zu suchen. Fluchtversuche seien zwecklos, da ihn der Hund sofort anspringe. Die Beamten beobachteten genau sein Verhalten und seine Blicke. Merkwürdigerweise ging er oft an einem bestimmten Platz vorbei. Unterdessen hatte auch der Hund Witterung aufgenommen und drängte zu einer Erhöhung, die wie eine mit Unterholz zugewachsene Bank aussah. Es handelte sich um einen querliegenden mittleren Baumstamm. Als die Beamten den Stamm weghoben, gab der Boden ganz leicht unter ihren Füßen nach. Sie schoben die lockere Erde mit ihren Stiefeln frei und machten die schreckliche Entdeckung, daß ein Bein zum Vorschein kam, ein Knie mit strumpfartigen Fetzen daran, ein Fuß mit einem Damenschuh.

Die Polizei war am Fundort der ermordeten Studentin Charlotte Müller.

Während man die Leiche völlig freilegte, stand Leischker ohne jegliche Anzeichen einer Erschütterung mit gleichgültigem Gesicht dabei. Er wurde unter strengem Verwahrsam zurück ins Bockauer Jägerhaus gebracht, wo er mit gutem Appetit aß und Bier trank und sich schließlich schlafen legte. Nachdem die Mordkommission den Tatort abgesichert und Aufnahmen gemacht hatte, führte man Leischker erneut an die Fundstelle. Er blieb weiterhin gleichgültig, sah sich teilnahmslos um und behauptete unbeirrt, er habe mit der Sache nichts zu tun.

Dr. Barth entschloß sich zur Gegenüberstellung mit den Angehörigen Leischkers. Die Frau fiel ihrem Mann weinend um den Hals und beteuerte ebenfalls seine Unschuld. Die Kinder erschraken über die weinende Mutter und drängten sich wie Schutz suchend schreiend an den Vater. Es war offensichtlich, daß die Familie in keiner Weise als Mitwisser der schrecklichen Tat in Frage kam. Dann wurde der Vater Leischkers gebracht. Die Mutter, so erzählten sich die Bockauer, war schon lange vor Kummer über den mißratenen Sohn aus dem Leben gegangen. Der Vater wirkte ebenfalls ergriffen, aber weniger erschüttert. Er traute wohl seinem Sohn die Tat zu. Energisch bat er ihn, wenn er schuldig sei, solle er doch sein Verbrechen endlich eingestehen und wenigstens so sein Gewissen erleichtern. Die Szene ging selbst den abgeklärten Beamten nahe. Aber Leischker blieb dabei, nicht der Mörder zu sein.

Die gekrümmte Haltung der Charlotte Müller ließ keinen Zweifel, daß sie nach ihrer Ermordung in diese Lage gebracht worden war.

Vermutlich hatte der Mörder versucht, sie in eine natürliche Erdsenke zu zwängen. Aber die flache Grube, in welcher sie lag, hatte er mit einem scharfen Gegenstand ausgehoben, denn unter der Toten befand sich kein Nadelboden. Offenbar war er ins nahe Bokkau geeilt, um einen Spaten zu holen. Das mußte Stunden gedauert haben. Dann legte er sein bereits in dieser gekrümmten Haltung starr gewordenes Opfer in die Vertiefung. Ein Spaten ließ sich jedoch nie finden, auch fehlte das Kleid. Beides konnte der Mörder in die Mulde geworfen haben. An der Leiche waren keinerlei Wunden oder Knochenbrüche zu erkennen. Das Hemd hing heruntergerissen und zerfetzt an ihr. Der Hals wies rötliche Striemen, Würgemerkmale, auf. Und schließlich entdeckten die Sachverständigen in der Luftröhre der Toten einen zusammengedrehten Stoffpfropfen, den ihr der Mörder tief in den Hals gestoßen hatte und an dem sie erstickt war.

Tausende von Menschen sollen den Weg vom Wald zum Bockauer Jägerhaus gesäumt haben, als ein Pferdefuhrwerk die Tote dorthin brachte. Zu Fuß oder per Auto kamen die Leute von überall her, und es gab sogar Verkehrsstauungen, die damals zur absoluten Seltenheit gehörten. Leischker konnte froh sein, im Schutz der

Polizei das Jägerhaus zu erreichen. Beim Anblick der Leiche, die in einem Schuppen seziert wurde, brach Leischker zum ersten Mal öffentlich laut in Tränen aus.

Amtsgerichtsdirektor Richter aus Aue brachte ihn dann bei einer weiteren Vernehmung zu folgender Aussage: Er sei am 13. April auf der Staatsstraße Bockau–Jägerhaus auf die Studentin Müller gestoßen, die ihn – nahe an der Schneise – lachend nach dem Weg gefragt habe. Er sei mit ihr ins Gespräch gekommen, sie hätten gescherzt und gelacht und sich gut verstanden. An eine Vergewaltigung des Mädchens habe er nicht gedacht.

Plötzlich habe die Müller gefragt, ob es hier kein Wild gäbe, sie würde gerne eine Aufnahme machen. Er habe ihr vorgeschlagen, seitwärts in die Schneise hineinzulaufen, dort würden sie vielleicht auf Rehe oder Hirsche treffen. Die Müller sei lachend auf seinen Plan eingegangen und dort im Waldgelände sei es plötzlich über ihn gekommen. Er habe das Mädchen angefaßt, das laut geschrien und sich heftig gewehrt habe. Er hätte dann mit beiden Händen die Müller an der Gurgel gepackt und sie gewürgt, um sie am Schreien zu hindern. Sie sei dabei plötzlich zusammengesunken und ohnmächtig, wie leblos, liegengeblieben. Da habe ihn das Entsetzen gepackt, und er sei geflohen.

Die ständig mit Leischker lachende Studentin – das paßte nicht zur stillen Wesensart von Charlotte Müller. Amtsgerichtsdirektor Richter wies Leischker auf den im Hals der Toten gefundenen Stoffpfropfen hin.

»Das weiß ich nicht«, stammelte Leischker, »sie hatte einen Stofflappen in der Hand, um ihren Fotoapparat zu putzen. Da ist er vielleicht beim Handgemenge in ihre Kehle gerutscht.«

»Hören Sie auf mit Ihrer Schwindelei!« rief Richter.

Da gab Leischker eine seltsame Antwort: »Ich kann das nicht tun, wegen meinen Angehörigen. Ich will kein Mörder sein!« Es war sein Geständnis und die Grundlage der Verurteilung zu lebenslanger Haft.

Jedoch nur ein schwacher Trost für die Angehörigen der Ermordeten. Sie schrieben in einer Leipziger Zeitung: »Nach qualvollen Wochen wurde uns zur traurigen Gewißheit, daß unsere innigstgeliebte, herzensgute Tochter und Schwester Elisabeth Charlotte Müller, stud. pharm., am 13. April das Opfer eines Verbrechens geworden ist. Sie war unser Stolz und unsere Freude. In tiefster Trauer Rechtsanwalt Eduard Müller und Frau Elisabeth geb. Glaß, Referendar Dr. jur. Heinrich Müller, zugleich im Namen aller Hinterbliebenen. Die Beerdigung findet Dienstag, 27. Mai, statt.«

Lange hieß die Gegend, in welcher der Mord geschah, die »Marlo-Schneise«. Unter diesem Namen hatte Leischker ja versucht, die Polizei irrezuführen.

An die Fundstelle nahe der Wegespinne etwa einen Kilometer vom Jägerhaus entfernt, wurde ein Erinnerungsstein, der sogenannte Mordstein, gelegt. 1996 schrieb auf der Auer Lokalseite eine Zeitzeugin von damals: »Als die Nazis an die Macht kamen, haben sie den Stein weggerollt, weil sie eine Jüdin war ... « 1930 ist in den Akten davon nicht die Rede. Erst 1933 begann die Einteilung der Menschen in Rassen und Untermenschen aus politischen Gründen. Und noch einige Jahre später kam der gewaltsame Tod massenhaft bis hinauf in die friedlich gewesenen erzgebirgischen Wälder.

Das Schicksal der Charlotte Müller, ob sie nun eine Jüdin gewesen war oder nicht, und auch das ihres Mörders Willy Leischker wurde von einem Stück deutscher Geschichte noch grausamerer Art zugeschüttet.

*

## *Kräuter aus »Wurzelbocke«*

Umgeben von dichten Wäldern liegt Bockau in einem Seitental der Zwickauer Mulde in 450 bis 620 Metern Höhe. Im Volksmund wird Bockau auch »Wurzelbocke« genannt. Das hat seinen Grund im jahrhundertelangen Kräuteranbau und der Arzneimittelherstellung. Geblieben davon ist die Produktion von Kräuterlikören. Der kleine Kurort, nicht allzuweit von Aue entfernt, bietet überraschende Neuigkeiten: Das technische Museum »Vitriolölhütte« und das »1. Sächsische Spirituosenmuseum«, in dem der Weg von den Kräutern bis zum Kräuterlikör dargestellt wird. Ein angrenzender Kräutergarten zeigt die Vielfältigkeit der Grundlagen dazu. Das Spirituosenmuseum ist montags bis freitags von 10 bis 17 Uhr, sonnabends und sonntags von 13 bis 17 Uhr geöffnet.

Interessante Ausflugsziele sind die Kreisstadt Aue, Schlema und Schneeberg. Wanderungen am Floßgraben, der einst zum Flößen von Holz angelegt wurde, führen durch Aue und Umgebung. Aus dem ehemaligen Radiumbad Oberschlema wird wieder ein Erlebnisbereich, das Radonkurbad Schlema. Wer mehr über den Uranbergbau und die Wismutzeit wissen will, erfährt hier u. a. im Schaubergwerk Schlema oder im Huthaus vieles.

In der Bergstadt Schneeberg sollte unbedingt die St. Wolfgangskirche das Ziel sein. Dort kann erst seit kurzer Zeit der Lukas-Cranach-Altar besichtigt werden. Der Flügelaltar ist ein beeindruckendes Zeugnis der Reformation Luthers.

In der Zobelgasse 1 befindet sich das Museum für bergmännische Volkskunst. Weihnachts- und Heimatberge, erzgebirgische Pyramiden, geschnitzte Figuren und Klöppelmuster warten hier auf den Besucher.

## *Und keiner ist es gewesen*

Am 1. Juli 1934 machte der Waldwärter Paul G. wie immer seinen Kontrollgang durch die Felder und Wälder des Rittergutes Neundorf. Es war noch früh an einem Sonntag, etwa zwischen vier und fünf Uhr. Während er in der Nähe des Schäfereiteiches vorbei in Richtung Schneckengrün lief, fiel ein Schuß. Er kam aus der Gegend, wo sich der Schießstand befand. G. wartete eine Weile auf weitere Geräusche. Aber es blieb still wie zuvor. Als Waffenkundiger wußte er, daß die Kugel von keinem Jagdgewehr stammte. Dem Knall nach zu urteilen, mußte sie aus dem 0.8-Kaliber einer Pistole gekommen sein. Weil G. ein gewissenhafter Mann war und seine Kontrollpflicht ernstnahm, ging er auf der Schneckengrüner Straße der Sache nach. Hinter einer Biegung traf er auf mehrere Personenautos. Es standen ungefähr sechs Männer in braunen Uniformen dabei. Wenn er sich auch in Waffen auskannte, in Uniformen kaum. So konnte er nicht unterscheiden, ob er vor SA- oder SS-Leuten stand. Nachdem er sich als zuständiger Waldwärter ausgewiesen hatte, fragte er, ob auch sie einen Schuß gehört hätten oder ob sie es gar selber gewesen seien. Darauf wurde ihm keine Antwort gegeben. Er sagte, er deute ihr Schweigen so, daß sie es waren. Nun verlangte er die Namen der Angetroffenen und erntete ein Lächeln. Als er sich daran machte, die Autonummern aufzuschreiben, wurde er zwar nicht gewaltsam, aber doch unmißverständlich abgedrängt.

Er ahnte eine Ungesetzmäßigkeit, zumal ihn zwei der Uniformierten in größerem Abstand verfolgten. Nachdem er sah, daß sie endlich von ihm abließen, pirschte er sich im weiten Bogen erneut an die Stelle heran und merkte sich aus ca. 150 Metern Entfernung mit dem Fernglas wenigstens die Nummer eines Autos. Dann sagte er sich jedoch, daß die Anwesenheit von Uniformierten kein Grund zu größerer Besorgnis sein konnte, und er setzte seinen Kontrollgang fort. Allerdings wurde er noch einmal an den Vorfall erinnert, da ihm in der Nähe des Schießplatzes ein kleines, geschlossenes Postauto entgegenkam, in dem zwei Personen mit denselben braunen Uniformen saßen. Er kannte weder diese noch die vorher Angetroffenen und konnte später, wie das Protokoll von 1945 aussagte, keine weiteren Angaben dazu machen.

Im hinteren Teil des Postautos lag damals der zwanzigjährige Hitlerjugend-Führer Karl Lämmermann aus Plauen. Sein schmales, strenges Jungengesicht hatte einen Anflug von Verwunderung, aber nicht von jener kindlichen Art, sondern eher von der im letzten Moment gekommenen Erkenntnis, daß sie es doch tun. Er war, wie einer, der sich unmittelbar nach dem Schuß prüfend über ihn beugte, festgestellt hatte, »mausetot«. Die dies getan hatten, waren zumindest äußerlich gesehen seinesgleichen, also gegen links. Das Ganze mutet deshalb an wie eine Räuberpistole, und sie spielte sich ab vor der gespenstischen Kulisse der »Nacht der langen Messer«, der Röhm-Affaire, in der Hitler seinen Duz-Freund Ernst Röhm und viele von dessen SA-Genossen ermorden ließ, um dadurch endgültig die Gunst der Reichswehr zu erringen. Er benutzte seine Säuberungsaktion gleich noch dazu, andere, ihm mißliebige Personen wie den ehemaligen Reichskanzler General von Schleicher und dessen Frau, aus dem Weg zu räumen. Es war ein Signal für ähnliche Handlungen auf den untersten Ebenen im Reich.

Karl Lämmermann ist ein typisches Beispiel dafür. Er wurde am 20. März 1914 in Argentiniens Hauptstadt Buenos Aires geboren. Sein Vater war Angehöriger des von Göring im 1. Weltkrieg geführten Richthofen-Geschwaders. Die Mutter, zwar aus einer Schweizer Familie stammend, entschied sich bereits in den zwanziger Jahren für die Nazis. Lämmermann war also durch den Einfluß des Elternhauses frühzeitig national eingestellt. Er schloß sich den Bündischen an, der Deutschen Freischar. Dort befanden sich die intelligentesten Jugendlichen unter den Rechten, und die politische Qualität ihrer Führer, besonders in der Lenkung von Menschen, war denen in der Hitler-Jugend überlegen. Sie nannten diese einen »Haufen«.

Lämmermann besuchte das Plauener Realgymnasium. Bereits in der Obersekunda geriet er jedoch zunehmend in schulische Schwierigkeiten, weil er sich überwiegend in politischen Diskussionskreisen aufhielt und statt Schulbücher dementsprechendes Material studierte. Dort war er zielstrebig und unerbittlich in seinem sittlichen Glauben an den Nationalsozialismus.

Die Mutter sah seinen Eifer mit Wohlwollen, der Vater lebte zu dem Zeitpunkt, als Lämmermann 1928 von der Deutschen Freischar zur Hitlerjugend hinüberwechselte, schon nicht mehr. In kurzer Zeit brachte es der Freischärler durch sein vorbildhaftes Auftreten und seinen Einsatz zum Unterbannführer. Im Grunde setzte er bündische Traditionen fort, fuhr, finanziert durch die Studentenschaft und genehmigt durch die

Auslandsabteilung der Reichsjugendführung, als Reiseleiter mit Jugendlichen nach Jugoslawien und in die Baranya. Natürlich wurde er allmählich manchen anderen HJ-Führern ein Dorn im Auge. Da kam einer von den bündischen Rotznasen und wollte ihnen nun hier die größten Happen wegschnappen. Verboten mußten die werden! Denn es gab nur eine Jugend, die Jugend Hitlers. Das Problem war eben nur, jetzt gehörte dieser Lämmermann zu ihnen.

Die HJ-Prominenz Plauens sah also mit Recht eine Unterwanderung ihrer bisherigen uneingeschränkten Herrschaft. Jedes Mittel war ihr willkommen, um den Einfluß der Bündischen brechen zu können.

Einer der eifrigsten dabei war der Oberbannführer Hannes Melchior, der schon am Sonnwendtag 1933 seine Horden zur Beschlagnahmung des Bündischen Eigentums hatte ausrücken lassen. Melchior buhlte um die Gunst der nationalsozialistischen Größen Plauens, vor allem Martin Mutschmanns, des späteren Gauleiters von Sachsen, der sich nach dem Ende der Nazis bis zu seiner Verhaftung als Knecht im erzgebirgischen Tellerhäuser versteckt hielt. Melchior feierte mit seinen HJ-Kumpanen Orgien in Mutschmanns Jagdhütte und in der Gaststätte »Fürstenhöhe« bei Saalburg. Er umgab sich gern mit Vasallen, die sein aufwendiges Leben illustrieren mußten. Sie nannten ihn »Patscherle«, und der Name ist natürlich dazu angetan, Gerüchte über seine seltsamen Knabenfreundschaften zu unterstützen. Nebenbei übte er bei Mutschmann die fragwürdig-vertrauliche Funktion eines Presse-Referenten aus.

Nachdem es Melchior, scheinbar freundschaftlich gesonnen, nicht gelungen war, die ehrgeizigen Aktivitäten Lämmermanns einzudämmen, begann er diesen zu hassen. Er delegierte seine Leute vor Lämmermanns Wohnung und ließ sie »Komm raus, du Sau!« rufen. Schon die Vorbereitungen zur Fahrt Lämmermanns nach Jugoslawien und in die Baranya hatte er sabotiert. Als Lämmermann wegen seines Wunsches, in die Reichswehr einzutreten, nach Dresden fahren wollte, veranlaßte Melchior unter einem fadenscheinigen Grund auf dem Plauener Bahnhof seine Verhaftung. Lämmermann ließ sich nicht beirren, warf der HJ-Führung finanzielle Unkorrektheiten vor und verfolgte weiterhin seine nationalsozialistischen Ziele.

Beide Varianten sind möglich: Einmal hätte er ein entschiedener Vollstrecker der Pläne Hitlers werden müssen, ein Verfechter des Rassismus, KZ-Aufseher oder schneidiger Leutnant an der Front mit Erschießungsbefehlen für Deserteure. Oder aber sein ausgeprägter Gerechtigkeitssinn hätte ihn an einem entscheidenden Punkt des folgenden Krieges, wenn nicht zum Gegner, dann doch zum Verweigerer werden lassen, letztendlich auch zum Opfer. Das ist er aber schon in den Morgenstunden des 1. Juli 1934 geworden, während sich sein Führer Adolf Hitler den unaufhaltsamen blutigen Weg zum Reichskanzler mit den gleichen Mitteln ebnen ließ, wie sie der kleine Melchior anstiftete.

Am 30. Juni abends trafen sich sechs Jungen und sechs Mädchen in der Städtischen Jugendherberge Plauen zu einem Schlagsahnewettessen. Spender waren die Jungen. Damit bedankten sie sich für eine von den Mädchen gestickte Kaffeedecke. Vermutlich war diese für den Stammtisch angefertigt worden, an dem sie sich regelmäßig trafen.

Sie hielten ihrer gleichen nationalsozialistischen Gesinnung wegen schon längere Zeit Freundschaft.

Unter ihnen befand sich Karl Lämmermann. Mit einem Mädchen auf dem Rücksitz seines Motorrades war er zu der kleinen Feier eingetroffen. Später veranlaßte dieser Umstand einen ermittelnden Polizeibeamten zu dem erstaunten Ausruf: »Was, Mädchen waren auch dabei – ?!« Die Verleumder Lämmermanns hatten ihm homosexuelle Neigungen unterstellt, wie sie Hitler vielen Röhm-Leuten anhing, um die Stimmung anzuheizen und sein Vorgehen zu rechtfertigen. In die kleine Feier platzte dann die Nachricht von der Verhaftung Ernst Röhms und auch noch anderer SA-Führer. Lämmermann fuhr in die Stadt, um Näheres zu erfahren. Aber er kam unverrichteter Dinge zurück.

Später hörte er von der Alarmbereitschaft der SS. Da er die Absicht hatte, sich von der HJ in die SS überweisen zu lassen, startete er erneut sein Motorrad und suchte einen mit ihm befreundeten SS-Mann auf. Er dachte, von diesem vielleicht Order zu erhalten.

Während seiner Abwesenheit fuhren Oberbannführer Melchior, Unterbannführer Schmidt und Scharführer Uebel vom Oberbannstab mit einem Dienstauto an der Jugendherberge vor und fragten nach Lämmermann. Als sie seiner nicht habhaft werden konnten, nahmen sie die übrigen Jungen einfach mit zum Polizeipräsidium. Dort wurden die meisten von ihnen in einem dunklen Gang auf dem Weg zum Verhör von Melchiors Leuten zusammengeschlagen. Dies geschah noch einmal im Vernehmungszimmer. Melchior machte dabei äußerst lasche Einwendungsversuche. Er sagte, sie sollten doch endlich von denen ablassen, es käme ihm hauptsächlich auf Lämmermann an, diese hier seien ihm gar nicht so wichtig. Anwesend bei diesen Ausschreitungen war auch u. a. der Oberscharführer der SS

Georg Spengler. Schließlich griffen die Polizeibeamten schlichtend ein.

Einer von den Jugendlichen, Rudolf Popp, traf, als er hinausgebracht wurde, plötzlich auf Lämmermann, den sie gefunden hatten.

Die Begegnung war sehr kurz. Aber in dieser knappen Zeit fand Lämmermann noch die Möglichkeit, zu rufen: »Kopf hoch, Popp! Tut mir leid, was sie mit dir machen. Aber wir werden bald wieder draußen sein.« Dann wurde er in eine Extra-Zelle abgeführt.

Es war die letzte Begegnung Lämmermanns mit einem seiner Freunde.

Sein weiterer Weg in der Nacht zum Sonntag ist bekannt. Mit Sicherheit stand der Waldwärter G. im Schneckengrüner Forst dem Mordkommando Lämmermanns gegenüber. Unzweifelhaft waren nach späteren Aussagen auch die SS-Obertruppführer Spengler und Ziegler dabei, erfahrene abgebrühte Killer. Spengler hatte schon zwei Morde aufzuweisen und für die Erschießung Lämmermanns die nötige Erfahrung. Alles sollte den Charakter einer standrechtlichen Verurteilung unter den Bedingungen des Ausnahmezustandes haben. Das Postauto für den Abtransport der Leiche Lämmermanns zum Plauener Hauptfriedhof stand bereit. Kein Einscharren am heimlichen Ort.

Die Mörder wollten den Eindruck von im höheren Auftrag Handelnden erwecken. Dennoch warfen sie den in eine Zeltplane gewickelten Leichnam einfach über die Friedhofsmauer und verschwanden.

Während der kurzen Verwahrung Lämmermanns im Polizeipräsidium hatte ihm der Leiter der SD-Außenstelle der SS in Plauen, Rechtsanwalt Hans Glauning, eröffnet, daß er ihn auf Befehl des Reichsführers-SS

Himmler im Zusammenhang mit den Ereignissen um Röhm erschießen lassen müsse. Lämmermann soll diese Mitteilung gefaßt aufgenommen haben. Offenbar glaubte er nicht an die Durchführung, zumal die Familien Glauning und Lämmermann miteinander befreundet waren. Aber die Rädchen in der Maschinerie der Befehlsausführung griffen Zahn um Zahn ineinander. Glauning mußte ganz bewußt Falschmeldungen über Lämmermann nach oben weitergegeben haben, ohne den Sachverhalt zu prüfen. Er selbst bestimmte den Ort der Erschießung. In einem Protokoll von 1968 (!) ist vermerkt, daß er sich im ersten Wagen einer Fahrkolonne befand, die zum Schneckengrüner Forst steuerte. »Als sie dort ankamen, war es bereits hell geworden. Der Angeschuldigte (Glauning, d. A.) gab den Befehl, Lämmermann auf die von der Straße nicht einzusehende Lichtung zu führen. Dort wurde er von Ziegler und Spengler durch mehrere Pistolenschüsse getötet. Der Angeschuldigte hielt sich währenddessen auf der Straße bei den Fahrzeugen auf ...«

Wahrscheinlich konnte der Herr Rechtsanwalt kein Blut sehen. Im Juli 1934 entfernte ihn die SS aus ihren Reihen, kurz danach verhaftete ihn die Gestapo und brachte ihn nach Berlin. Es gab dort jedoch nur Vernehmungen. Acht Tage später war er wieder frei. Des Merkens, das heißt des nicht Vergessens, würdig ist seine am 20. März 1935 erfolgte Beförderung zum Untersturmführer der SS, aus der er ja 1934 ausgeschlossen wurde. Der Weg des HJ-Führers Melchior führte zunächst ins Konzentrationslager Lichtenburg. Aber bereits vor Weinachten 1934 kam der eigentliche Anstifter des Ganzen auch wieder frei.

An einem Augusttag des Jahres 1934 wurde die Asche

Karl Lämmermanns zu Grabe gebracht. Ihren toten Sohn durfte die Mutter nie sehen. Das wurde mehrmals verhindert. Deshalb glaubte sie eine Weile gar nicht an seinen Tod. Nun aber stand sie vor der letzten Gewißheit. Die Halle soll bis auf den letzten Platz von Trauernden angefüllt gewesen sein. Ein Choral »Jesus, meine Zuversicht«, gespielt vom Musikzug des Plauener HJ-Bannes 206, begleitete den Urnenträger. Hitlerjugend und BDM standen Spalier. Fahnen und Wimpel in Masse an der Spitze. Dahinter die Bonzen des Kreises und mit ihnen wie eine heilige Monstranz ein Kranz Adolf Hitlers, der in seiner Aufmachung prächtig gewesen sein soll. Dann erst die Angehörigen und die übrigen Leidtragenden. Die Fahnen senkten sich zur letzten Ehre, gespielt wurde dazu das Fahnenlied der HJ und »Ich hatt' einen Kameraden« ...

An feierlichem Pomp und falschem Pathos begannen sich die künftigen Verweser des Großdeutschen Reiches bereits vollendet zu üben. – Während der Nazi-Zeit verhielt sich die Mutter ruhig. Später sagte sie einmal, was ihr damals mitgeteilt worden war: »... der Führer wünsche, daß die Umstände des Mordes – anders kann ich die Tat nicht bezeichnen – nicht in die Presse kommen möchten, weil sie im Auslande zur Greuelhetze ausgewertet werden würden ...«

Am 4. Juni 1945 sprach die Mutter Karl Lämmermanns bei der Plauener Kriminalpolizei vor und bat um die Aufklärung der Ermordung ihres Sohnes. Deutschland war in vier Besatzungszonen zerkleinert, Plauen hatten am 18. April die US-Truppen besetzt. Die Verhöre begannen, Unterlagen wurden herbeigesucht, eine Liste aller Beteiligten und Beschuldigten aufgestellt, Haftbefehle erlassen.

Die Kontakte der verschiedenen Polizeipräsidien funktionierten noch, und so konnte bereits im März 1946 einer der Hauptverdächtigen, SS-Obertruppführer Spengler, in Gummersbach verhaftet werden. Die Plauener Polizei nahm ihn am 5. Oktober an der sächsisch-bayerischen Grenze bei Gutenfürst in Empfang.

Spengler gab beim ersten Verhör die Tat zu, litt aber dann, angeblich durch Mißhandlungen beim Transport, an Gedächtnislücken. Seine am meisten verwendeten Sätze waren: »Davon weiß ich nichts« und »Ist mir nicht bekannt«. Wer Spenglers Polizeifotos sieht, weiß, daß er es hier mit einem überaus dummen, verschlagenen und brutalen Menschen zu tun hat, der sich während des Fotografierens betont unschuldig und aufrichtig bestürzt gab. Er wollte verharmlosen. Das ist ihm offensichtlich gelungen. Ein Magengeschwür vortäuschend, wurde er nach Auerbach-Mühlgrün zur stationären Behandlung eingewiesen. Und postwendend floh er am 6.12.1946 aus diesem Krankenhaus. In Essen geriet er der Polizei erneut in die Fänge, gab aber an, schon im März auf freien Fuß gesetzt worden zu sein. Darauf gaben die Beamten seinem Ersuchen auf Entlassung statt. Spengler verschwand bis zum heutigen Tag, an dem er allerdings nun 96 Jahre alt sein müßte, auf Nimmerwiedersehen.

Gegen Rechtsanwalt Hans Glauning wurde am 29. April 1968 in Kiel Schwurgerichtsanklage erhoben, »in der Nacht zum 1. Juli 1934 gemeinschaftlich mit anderen handelnd, mit Überlegung und aus niedrigen Beweggründen einen Menschen getötet zu haben«.

Glauning stellte seine Mittäterschaft nicht in Abrede. Doch am 23. Mai wurde das Hauptverfahren gegen den Angeschuldigten abgelehnt mit der Begründung: »Eine strafrechtliche Verfolgung des Angeschuldigten ist heute nur noch wegen eines in Mittäterschaft begangenen Mordes möglich. Hierfür ist jedoch nach dem Ergebnis der staatsanwaltlichen Ermittlungen und der gerichtlichen Voruntersuchung ein hinreichender Tatverdacht nicht gegeben.«

Das ist eine Gesetzessprache, die sich bis heute zum klassischen Stil entwickelt hat. Je höher die Schreibtisch-Regionen, um so dichter der Paragraphen-Nebel. Es beginnt eine Kanzleisprache im Fall Lämmermann, die gedanklich schwer zu durchdringen ist und die zum Thema »Nichtbewältigen (wollen) deutscher Vergangenheit« gehört. Aus Karl Lämmermanns gewaltsam vergossenem Blut wurde allmählich Tinte ...

Über all der traurigen Begebenheit steht der tragische, naive Irrtum von Karl Lämmermanns Mutter wie das schreckliche Zerrbild einer versunkenen Wirklichkeit: »Wenn ich so allein sitze, dann steht mir immer mein guter Bub vor Augen, mit welcher glühenden Begeisterung er vom Führer sprach, und wie lieb hatte er seine Uniform! Und da kommen gemeine Menschen und wollen diesen sauberen, prächtigen Jungen verleumden, nachdem sie ihm sein junges Leben genommen haben, das ist unmenschlich, das weiß der Führer sicher nicht!«

*

## *Plauener Spitzen*

Plauen, Metropole des Vogtlandes, ist durch die moderne, aber den Traditionen verbunden gebliebene Innenstadtgestaltung attraktiver geworden. Ein Bummel lohnt, um sich an alten restaurierten Fassaden und Bauten zu erfreuen: Lutherkirche, St. Johanniskirche, Lutherhaus, Alte Elsterbrücke, Roter Turm, Malzhaus, Hradschin, malerische Winkel in der Rosen- oder Walkgasse, das alte Rathaus mit der Kunstuhr von 1382. Der Renaissancegiebel macht es zu einem der schönsten Rathäuser Deutschlands. In ihm befindet sich ein Museum, das Kostbarkeiten bietet, ohne die Plauen nicht zu denken ist: Plauener Spitze. Handmaschinengesticktes ist hier zu bestaunen, ebenso wie wertvolle Musterbücher aus der Zeit der Jahrhundertwende. Handarbeiten in Form von Weißstickereien und Klöppelspitzen sind besonders sehenswerte Exponate. Wie eine Spitzendecke entsteht, wird eindrucksvoll dargestellt. Technische Geräte der Spitzen- und Stickereiindustrie sind zu besichtigen. Nach Originalbefunden wurde ein Flur mit gotischen Netzrippengewölben, 1382 mit dem Bau des Rathauses erstmalig genannt, restauriert. Im Spitzen-Museum ist auch der Kauf von Plauener Spitze und Klöppelarbeiten möglich. Es ist montags bis freitags von 10 bis 17 Uhr, sonnabends von 9 bis 14 Uhr geöffnet und sonntags nach Vereinbarung für Reisegruppen.

Im Obstgartenweg 1, nahe Einmündung Reusaer Straße, gibt es noch eine Seltenheit, die mit der Plauener Spitze zusammenhängt: Eine seit 1902 noch vollständig erhalten gebliebene Schau-Stickerei. In diesem typischen Kleinbetrieb wird die Geschichte mehrerer Stickereigenerationen sichtbar. Schauvorführungen machen den Besuch zu einem Erlebnis. Geöffnet hat die Schau-Stickerei montags bis freitags von 10 bis 17 Uhr, am Wochenende nach Vereinbarung.

## *Zwei Freundinnen bis in den Tod*

Am 17. Dezember 1946 wurden im Bombenschutt der ehemaligen Dresdner Exerzierhalle zwei an den Knien abgetrennte Frauenbeine gefunden. Die Mordkommission der eben erst gebildeten Volkspolizei in der Ostzone begann mit ihren Ermittlungen. Vorhandene Anhaltspunkte waren sehr gering, und die Aufgabe schien fast unlösbar.

Beide Beine steckten in einem vermoderten Sack. Jemand hatte sie in Zeitungspapier eingewickelt. Nach dem Zustand der Beine zu urteilen, mußte die Straftat noch nicht lange zurückliegen. Die Identität konnte aber erst nach dem Auffinden der anderen Körperteile geklärt werden. Vermutlich lagen auch sie in der Nähe des Fundortes. Also kämmte die Polzei das umliegende Gelände durch. Unweit davon wurde sie bald fündig und entdeckte weitere Menschenteile.

Besser gediehen die Ermittlungen damit noch nicht, jedoch konnte zumindest die Gegend des Verbrechens, die Talstraße, in Betracht gezogen werden.

Auf einem der Zeitungsblätter des ersten Fundes befand sich ein grüner Tintenklecks. Wenn er auch einer Stecknadel im Heuhaufen glich, so begannen die Beamten mit der Suche nach der Herkunft solcher Tinte. Immerhin war das zur Häufigkeit blauer Tinte eine weniger benutzte Farbflüssigkeit. Als Ergebnis angestrengter tagelanger stupider Recherchen sahen die Beamten statt rot nur noch grün. Unter anderem wurde dabei festgestellt, daß auch im Dresdner Glühlampenwerk solche grüne Farbe Verwendung fand. Im Laufe der dort angestellten Forschungen stießen sie auf eine interessante Information: Seit dem 11. Dezember wurde im Werk die vierzigjährige Wicklerin Käthe Stiehler vermißt. Sie hatte einen siebenjährigen Sohn, von dem ebenfalls jede Spur fehlte.

Sofort konzentrierten sich die Ermittlungen auf das Umfeld der Käthe Stiehler. Sie sang im Betriebschor des Glühlampenwerkes. Zu den Proben kam sie immer mit ihrer Arbeitskollegin und Freundin, der vierunddreißigjährigen Wicklerin Frieda Lehmann.

Am 12. Dezember erschien diese allein in der Singestunde und antwortete achselzuckend auf die Frage, wo sie denn ihre Freundin hätte: »Vielleicht ist was mit ihrem Jungen.« Auch zur Betriebsweihnachtsfeier fehlte Käthe Stiehler. Die Freundin vergnügte sich allein und erwiderte: »Was weiß ich. Vielleicht ist sie verreist.«

Käthe Stiehler lebte als Kriegerwitwe mit ihrem Sohn allein. Auch Frieda Lehmanns Mann wurde seit 1944 als vermißt gemeldet. Beide Frauen besuchten sich gegenseitig und trösteten sich über ihren Schmerz bei auf dem Schwarzmarkt erworbenem Bohnenkaffee hinweg.

Allmählich begann sich, auch die bisher arglos gewesene Frieda Lehmann zu wundern. Mehrfach äußerte sie unter ihren Arbeitskollegen: »Ich kann nur staunen, daß mir die Käthe nicht gesagt hat, wo sie hinfahren will.« Die Befragung der Wohnungsnachbarn Käthe Stiehlers brachte der Kripo auch keine Hinweise.

Am 28. Dezember 1946 druckten deshalb die Dresdner Tageszeitungen folgende amtliche Bekanntmachung: »Seit dem 11. Dezember wird Frau Käthe

Stiehler und ihr siebenjähriger Sohn Heinz vermißt. Beide verließen an diesem Tag gegen 16 Uhr ihre Wohnung auf der Großenhainer Straße 106 und sind seitdem nicht mehr gesehen worden. Wer Angaben über den Verbleib der Vermißten machen kann, teile dies dem Kriminalamt Dresden, Landhausstraße 17, Fachabteilung I, Zimmer 22, mit.«

Auch diesmal blieben die Meldungen sehr dürftig. Die Leute hatten mit ihrem eigenen Überleben zu tun, und solche Straftaten gehörten für sie fast noch zu den Ereignissen des Krieges. Dresden lag in Schutt und Asche. Wer noch irgend etwas Brauchbares aus den Trümmern zerren konnte, tat das in voller Konzentration darauf.

Die Bemühungen der Beamten aus der Fachabteilung I richteten sich nun auf Hausdurchsuchungen. Bei der Freundin der Stiehler, Frieda Lehmann, von der sie sich am meisten Auskünfte über die Vermißte erhofften, fanden sie ein Glas mit grüner Tinte. Wie aber bereits bekannt, wurde mit solcher im Glühlampenwerk gearbeitet, und jeder kam an die Flüssigkeit auf legale Weise heran.

Frieda Lehmann regte sich über die Durchsuchungen bei ihr sehr auf. Ja, sie wären befreundet und besuchten sich öfters gegenseitig. Aber sie wären es nicht so, daß sie sich gegenseitig informierten, was sie in Zukunft vorhätten. Beide Frauen hatten das Glück, in einem vom Bombenabwurf verschont gebliebenen Gebiet der Dresdner Neustadt zu wohnen. Sie hatten ihr Hab und Gut retten können und lebten einigermaßen unversehrt. Sie teilten Freud und Leid gemeinsam und halfen sich. Warum sollte sie, Frieda Lehmann, dann plötzlich anderen Sinnes sein.

Schon wollte sich die Kripo auf neue Bereiche orientieren, da machte einer der Beamten eine interessante Entdeckung. Frieda Lehmann hatte fünf Jahre lang bei dem Fleischermeister Hirschfeld in Leubnitz-Neuostra als Hausmädchen gearbeitet. Ungefähr zum vermuteten Zeitpunkt der Mordtat war sie dort zu Besuch gewesen.

Seitdem fehlte dem Fleischermeister ein langes scharfes Messer.

Eines wußte die Kripo: Die Leichen – mittlerweile hatte man den Jungen gefunden – waren, wenn dies auch im Zusammenhang mit der Art und Weise des Verbrechens makaber klang, sehr fachgerecht zerlegt worden. Konnte Frieda Lehmann während ihrer Zeit als Hausmädchen nicht einiges davon bei den Fleischergesellen beobachtet haben?

Nun liefen die Verhöre Frieda Lehmanns bohrender ab. Sie wehrte sich heftig gegen die Fragen, widersprach sich aber dann in ihren Antworten, wurde unsicher und gestand schließlich den erstaunten Beamten, denn sie hatten selber nicht so richtig daran geglaubt, den Doppelmord.

Ausschlaggebend war gewesen, daß Bekannte der Lehmann erklärten, sie habe bei ihnen Wäsche, Kleider und Mäntel untergestellt mit der Bitte, diese solange aufzubewahren, bis sie in ihrer Wohnung wieder Platz dafür hätte. Über die Herkunft solcher Werte konnte Frieda Lehmann der Kripo keine stichhaltigen Auskünfte liefern.

Arbeitskollegen und Nachbarn Käthe Stiehlers erkannten an der Kleidung, daß sie diese getragen hatte.

Nach dem vollen Geständnis war der Ablauf folgender gewesen: Bei ihren Besuchen stellte Frieda Lehmann immer wieder den sauberen Haushalt ihrer Freundin fest. In den Schränken lagerten neue Unter- und Bettwäsche, Kleider und Mäntel aus gutem Stoff. Auf dem schwarzen Markt und auf dem Lande bei Bauern ließen sich solche Sachen vielleicht günstig gegen Butter, Speck, Eier, Mehl oder sogar Fleisch eintauschen. Der Hunger und die Sehnsucht, endlich einmal von guten Dingen satt zu werden, war groß. Frieda Lehmann kam nicht mehr von dem Gedanken los, und sie faßte den schrecklichen Entschluß, ihre Freundin zu töten, um an die Wäsche heranzukommen. Den Jungen als Zeuge mußte sie dabei auch gleich mit beseitigen. Sie sagte ihrer Freundin, sie habe ein schönes Weihnachtsgeschenk für ihn, und sie sollten deshalb am frühen Abend des 11. Dezember zu ihr in die Talstraße kommen.

Voller Vorfreude ging Käthe Stiehler mit ihrem Sohn zur vereinbarten Zeit dorthin. Sie plauderten ein bißchen in der Küche, während sich der Sohn, auf das Geschenk wartend, in der Wohnstube aufhielt.

In der Küche hatte Frieda Lehmann ihrer Freundin einen Stuhl so angeboten, daß sie leicht hinter ihm zu stehen kam. Im Laufe des Gespräches umarmte Frieda Lehmann Käthe Stiehler plötzlich rücklings und schnitt ihr mit dem Fleischermesser den Hals an der Kehle durch. Die so Verletzte sei stark blutend aufgesprungen, aber kurz danach zusammengebrochen. Dann habe sie, sagte die Mörderin mit tonloser Stimme, das Kind von der Stube in die Küche gerufen und dasselbe mit dem beim Anblick seiner im Blut liegenden Mutter geschockten Jungen getan. Die Leichen wurden von ihr zerstückelt und heimlich aus der Wohnung in die Gegend des nahen Exerzierplatzes gebracht. Peinlichst genau beseitigte sie hinterher alle Spuren des Verbrechens in ihrer Wohnung.

Betont ruhig lief sie dann in die Behausung ihrer Freundin in der Großenhainer Straße. Dort packte sie alle Sachen, nach denen sie Verlangen gespürt hatte, in Pakete zusammen und brachte Stück für Stück vorsichtig aus dem Haus. Es gelang ihr dabei immer, keinem der Nachbarn zu begegnen.

Die Staatsanwaltschaft äußerte Zweifel an der alleinigen Tat der Lehmann. Es war ihr unvorstellbar, daß die einfache Arbeiterfrau, die ihre Morde mit leiser Stimme schilderte, dies allein getan hatte.

Aber Frieda Lehmann schwieg dazu bis zuletzt, als sie sich erheben und ihr Todesurteil als Doppelmörderin entgegennehmen mußte.

Sie stand da und wußte offensichtlich noch gar nicht, was ihr da eben verkündet wurde. Und keinem im Saal wollte so recht in den Kopf, daß alles einiger Bettlaken wegen geschehen war.

*

## *Gäste dürfen in Dokumenten blättern*

Kleine Museen haben den Vorteil, daß ihre Besucher mehr an Details bemerken und nicht in Zeitnot geraten. Im Stadtteil Prohlis von Dresden steht in der Gamigstraße 24 das Palitzsch-Museum. Von Neubauten umgeben, ist das alte Bauerngehöft leicht zu finden. Die Umgebung ist zutreffend, denn Palitzsch war ein forschender Bauer, der von 1723 bis 1788 lebte und in Prohlis geboren wurde. Er war der berühmteste Astronom des 18. Jahrhunderts in Sachsen. 1758 entdeckte er als erster in Europa den Halleyschen Kometen neu. Er führte den Blitzableiter in Sachsen und den Kartoffelanbau im Elbtal ein. 19 Fernrohre, 20 Mikroskope und eine Bibliothek mit mehr als 3500 Werken hinterließ er. Im Museum werden Erinnerungsstücke aus seinem Leben und neben astronomischen Fernrohren Fotografien und historische Bücher gezeigt. Das Museum ist dienstags bis donnerstags und sonntags von 13 bis 17 Uhr geöffnet.

In der Nähe von Schloß Pillnitz gibt es ein romantisches altes Winzerhaus. Genaue Ortsangabe: Hosterwitz, Dresdner Straße 44. Hier lebte Carl Maria von Weber 1818 bis 1824. In dem Winzerhaus befindet sich deshalb das Carl-Maria-von-Weber-Museum. Während des Rundganges ist stets dezent eingespielt die Musik Webers zu hören. Den Gästen ist es erlaubt, Schubkästen aufzuziehen und in Dokumenten zu blättern. Außer den Dokumenten sind Gemälde und Gegenstände aus dem Nachlaß des berühmten Musikers zu sehen. Interessierte erhalten hier einen Überblick zum Schaffen Webers, seiner Zeit und seinen Freundschaften. Wer Glück hat, kommt gerade im rechten Moment und erlebt eines der vielen Konzerte mit. Das Museum ist mittwochs bis sonntags von 13 bis 18 Uhr geöffnet.

Übrigens: Carl Maria von Webers Grab befindet sich auf dem Katholischen Friedhof von Dresden-Friedrichstadt.

# *»Ich bin doch kein Lump!«*

Grauenhafte Morde in der Nachkriegszeit lassen erahnen, welch ungeheure Zerstörung und Verrohung der menschlichen Seele ein auf Sieg propagierter großdeutscher totaler und zu Recht verlorengegangener Krieg anrichten konnte. Hunger, vollständige Entwurzelung und schon vorhandene kriminelle Veranlagung ließen bei manchen Abgründe zutage treten. Obwohl deshalb Gewaltverbrechen beinahe zur Tagesordnung gehörten, muß der folgende in seiner Grausamkeit und Erstmaligkeit in Deutschland zu den Besonderheiten gerechnet werden.

Am 17. Januar 1948 kamen Verwandte der dreiundsechzigjährigen Ida Maria Oehme in das Chemnitzer Kriminalamt und meldeten sie seit dem 8. Januar als vermißt. Seitdem war sie nicht mehr in der Uhlandstraße 25 auffindbar. Derartiges galt in jener Zeit als keine Seltenheit. Menschen verließen aus Einsamkeit, Verzweiflung oder in der Hoffnung auf Glück in der Fremde ihre bisherige Heimat.

Später meldeten sie sich dann wieder. Allerdings war Maria Oehme eher ein seßhafter Typ. Die Kripo ging also schnellstens der Sache nach und fand bald das Verhalten des Bruders, Bernhard Oehme, sehr seltsam, denn der kümmerte sich nicht im geringsten um das Verschwinden seiner Schwester. Die Aktenlage des Oehme ergab, daß er schon einmal mit den Gesetzen in Konflikt geraten war. Er hatte acht Jahre Gefängnis wegen Münzverbrechens, was das auch immer gewesen sein mag, hinter sich. Das mußte jedoch in keinem Zusammenhang mit dem Verschwinden seiner Schwester stehen. Der zuständige Kriminalbeamte pfiff aber durch die Zähne, als er auf einen Freispruch mangels Beweisen in einer Verhandlung vom 11. Dezember 1947 stieß. Diesmal nicht wegen Münzvergehens, sondern wegen des Versuches, Frau und Tochter umzubringen. Er sollte Schlachtfett – das war damals die Bezeichnung für Fett auf Marken – mit metallhaltigen Giften vermischt haben. Als ehemaliger Verchromer konnte er durchaus an solche Gifte herangekommen sein. Aber es fehlten eben die Beweise. In der Uhlandstraße galt Oehme als besonders tierlieb zum Hund seiner Schwester, mit der er nach dem Freispruch im selben Haus zusammenlebte. Frau und Tochter hatten verständlicherweise keine Lust mehr, mit ihm dieselbe Küche zu benutzen.

Die Kripo entschloß sich zu einer sofortigen Wohnungsdurchsuchung und fand Maria Oehme, wobei ihre Identifizierung zunächst Schwierigkeiten bereitete. In Töpfen, Schüsseln und Eimern stießen die Fahnder auf Fleisch in derartigen Mengen, wie es damals in jener Notzeit nur bei Schiebern versteckt wurde. Manches Stück war bereits vollständig zubereitet und gekocht in Eßtöpfen. Eine gerichtsmedizinische Probe ergab, daß es sich hier unzweifelhaft um Menschenfleisch handelte.

Bernhard Oehme wurde verhaftet und gestand gleichmütig die Tat.

Er verwies die Beamten in den Keller, wo er den abgeschnittenen Kopf, sowie Hände und Füße seiner Schwester aufbewahrte. Fast fachmännich erklärte er, diese Teile hätte er noch zu Seife, ein ebenfalls rarer Artikel, verarbeiten wollen. Oehme zerlegte seine Schwester wie ein Stück Wild und wollte vermutlich an der Hunger leidenden Bevölkerung ein großes Geschäft machen.

Die Beamten fror es bis ans Herz, als sie beim ersten Verhör erfuhren, er habe bereits selber Leber, Nieren und Rippenfleisch mit großem Appetit verspeist. Er fände dabei im Geschmack zu anderem Fleisch keinen Unterschied, erklärte Oehme. »Wenn Sie wissen wollen, wie es schmeckt, brauchen Sie bloß mal zu kosten. Es ist ja noch genügend da!« In der »Chemnitzer Volksstimme« vom 24. Januar 1948, auf der Seite des Stadt- und Landkreises Glauchau, wurde darüber berichtet, und die Empörung in der Bevölkerung war groß. Es gab also doch viele Menschen, die sich ihr Mitgefühl bewahrt hatten. Als Oehme noch einmal zur Rekonstruktion des Tatherganges in die Uhlandstraße geführt wurde, mußten ihn die Kripobeamten mit aller Kraft vor der aufgebrachten Nachbarschaft schützen. Die sahen in ihm eine kaltschnäuzige, grausame Bestie. Die Tat ließ auch kaum eine andere Deutung zu.

Es gab aber Anzeichen, die darauf hinwiesen, daß es sich bei Oehme um einen hochgradigen Psychopathen handeln mußte. Warum verließ er bei offenbar schon vorhandenen Problemen nicht einfach Frau und Tochter? Hatte er damals schon kannibalische Anwandlungen? Wenn er ein Verbrecher bei vollem Verstande gewesen wäre, hätte er sich doch nicht so gleichgültig benommen, als seine Verwandten nach der verschwundenen Schwester zu suchen begannen. Damit provozierte er ja den Verdacht. Er schien sich nicht für einen Verbrecher zu halten. Als ihm während der Vernehmungen vorgeworfen wurde, einmal eine Geldbörse gestohlen zu haben, rief er empört: »Nein, das habe ich niemals getan! Ich bin doch kein Lump und kein Dieb!« Den Kriminalinspektor bat er, ihm doch noch ein Stück Fleisch in die Zelle zu bringen; es brauche nicht warm gemacht zu werden, er esse es gleich so ...

Oehme zeigte keine Reue. Auch schien ihm überhaupt nicht klar zu sein, welche Strafe auf ihn zukommen könne.

Der Chemnitzer Maler Will Schestak hatte Gelegenheit, ihn zu zeichnen. Die Porträts zeigen einen sechsundsechzigjährigen Mann, der sich in aller Ruhe, ja beinahe würdevoll, für die Nachwelt darstellen läßt. Er hat nur noch an den Seiten spärliches Haar, wirkt hager und eigentlich friedlich, kleinbürgerlich. Er sieht aus wie ein Arbeiter, der sein Leben lang nichts anderes getan hat, als treu seine Pflicht zu erfüllen. Während des Zeichnens plauderte er mit Schestak und sagte, er habe sich mit seiner Schwester »gewörtelt«. In der Folge jener Wörtelei hätte sie ihm mit dem Kopf seiner Tabakspfeife auf den Mund geschlagen. Da hätte er ihr mit einem Hammer auf den Kopf gehauen.

Dann habe der Hund von dem herauslaufenden Blut geleckt. Da wäre er eben auf die Idee gekommen ...

Die weitere Prozeßführung gegen Oehme fand unter Ausschluß der Öffentlichkeit statt. In einigen westdeutschen Boulevardzeitungen war der Fall hochgespielt worden. Dort hatte gestanden: »Jetzt fressen sie sich in der Ostzone schon gegenseitig auf.« Solche Äußerung galt als »Versuch zur Schädigung der sowjetischen Besatzungsmacht«.

Oehme geriet in den Gerichtsbereich der Russen und erhielt zehn Jahre Gefängnis. Wahrscheinlich ist er in diesem Zeitraum verstorben. Der Mord geriet bald in Vergessenheit. Die Zeit lief unaufhörlich weiter. Ein neuer Krieg, der kalte, begann. Für die Statistiker aber blieb der Mordfall herausragend, denn er war in Deutschland der erste bekanntgewordene Fall von Kannibalismus innerhalb einer Familie.

Mörder Oehme gezeichnet von Will Schestak

*

Chemnitz hat eine über 850jährige Geschichte. Einst wurde es aufgrund seiner hohen Industrietradition »Sächsisches Manchester« genannt. Historische bauliche Zeugnisse, die auch als Industriebarock bezeichnet werden, sind dafür genug vorhanden. Das Industriemuseum ist ein hervorragender Zeuge dieser Entwicklung.

Am Theaterplatz mit dem 1992 wiedereröffneten Opernhaus befindet sich das König-Albert-Museum. Hervorzuheben ist hier eine Werkschau des Chemnitzer expressionistischen Malers Karl Schmidt-Rottluff. An der Außenmauer des Museums zeigt sich dem Spaziergänger durch Chemnitz eine Seltenheit: Der »versteinerte Wald« in Form von 250 Millionen Jahren alten verkieselten Hölzern. Außerdem empfiehlt sich ein Besuch des rekonstruierten Schloßbergmuseums und der Schloßkirche mit der sehenswerten Geißelsäule. Im Zentrum an der Brückenstraße steht das Karl-Marx-Denkmal. Der riesengroße Kopf des Philosophen wird im Volksmund »Nischel« genannt.

An Ausflugszielen in die Umgebung ist Chemnitz, auch bedingt durch die Nähe des Erzgebirges, nicht arm. Die Augustusburg mit zahlreichen Ausstellungen sei genannt, außerdem die über 800 Jahre alte Burg Rabenstein.

In der Nähe bietet das Wildgatter mit allerlei Wildarten in naturnaher Umgebung Entspannung. Den am Bergbau Interessierten ist ein Besuch des Schaubergwerkes »Rabensteiner Felsendome« zu raten. Ab dem 14. Jahrhundert wurde dort Kalkstein abgebaut. Zeit braucht man ein bißchen, die Führung dauert 45 Minuten. Aber man wird dafür belohnt beim wunderbaren Anblick des Marmorsaales, der unterirdischen Seen, der Stalaktiten und Stalagmiten.

# *Dankzettel*

Ich danke Herrn Dr. Wolfgang Hess aus Fürth für die Genehmigung, Fakten aus seinem Buch »Der Mord an Karl Lämmermann« verwenden zu dürfen. Dank auch Herrn Oskar Kunath aus Hohenstein-Ernstthal und dem Maler Will Schestak aus Burgstädt für ihre freundliche Unterstützung.

Ich danke den Mitarbeitern des Stadtarchivs Aue, des Archivs Annaberg-Buchholz, des Museums der Stadt Brand-Erbisdorf, des Heimatmuseums im Städtischen Wachtturm Geyer und des Vogtlandmuseums Plauen für ihre Hilfe.

Den Geschichten »Aber wenn ich ein Herr wär …«, »Der schöne Jonas«, »Das Mörderangebot« liegen Fakten aus dem »Leipziger Pitaval« von Walter Fellmann, den Geschichten »Zwei Freundinnen bis in den Tod«, »Vor dem schwarzen Tor« und »Tödliche Ernte« Fakten aus dem »Dresdner Pitaval« von Willy Forner zugrunde.

ISBN 3-360-00852-9


Verlagsgesellschaft mbH
Rosa-Luxemburg-Str. 16, 10178 Berlin
Umschlagentwurf: Jens Prockat
Druck und Bindung:
Wiener Verlag,
Himberg

BERLIN
HALLE
LEIPZIG
LEIPZIG
Frohburg
Kohren-Sahlis
Gnandstein
Altenburg
EISENACH
Waldenburg
Gera
Glauchau
Blankenhain
Weida
Zwickau
A9
A72
Greiz
Elsterberg
Mylau
Schneeberg
Rodewisch
Syrau
1
Plauen
Falkenstein
Oelsnitz /V.
2
Adorf
Markneukirchen
Hof
Landwüst
Bad Elster
Bad Brambach
Münchberg
Soos
Františkovy Lázně
(Franzensbad)
Cheb
(Eger)
BAMBERG
11
Wunsiedel
Waldsassen
BAYREUTH
NÜRNBERG
MÜNCHEN